Norbert-Bertrand Barbe

UNHEIMLICHE

"La sombra no existe; lo que tu llamas sombra es la luz que no ves"
(Henri Barbusse)

0. Advertencia

Ponemos el presente trabajo *sous l'égide* del conocido texto *Una neurosis demoníaca en el siglo XVII* (1922) de Sigmund Freud, en el que muestra cómo el Diablo, invocado por el poseído y con quién éste pactó, en realidad viene a ser el sustituto de su padre recién fallecido.

Por otra parte, queremos pedir al lector algo de paciencia en la progresión de nuestro trabajo, para aceptar, y asumir con nosotros, las circunvoluciones necesarias, y hasta indispensables, para poner de relieve un problema complejo, pero creemos central, de la psique humana: su relación con lo que Freud, también, denominó "*el extrañamente conocido*", del cuál a continuación intentaremos proponer un estudio interdisciplinario, a medio camino entre la historia de las mentalidades y la psicología social.

1. El "*Unheimliche*" freudiano en "*El Hombre de Arena*" de Hoffmann
a. Introducción

Freud, en su célebre ensayo "*Das Unheimliche*" (1919) definió dicho "*Unheimliche*" o "*extrañamente conocido*" desde el estudio del cuento de Hoffmann "*El Hombre de Arena*" (1815).

En la primera parte, introductoria, de su texto, Freud considera el problema lingüístico del "*Unheimliche*", concepto expresado por una palabra que no tiene equivalente en ningún otro idioma. Sin embargo, Freud considera que el concepto expresado por el alemán es universal.

El francés lo define en muchos casos como "*déjà vu*".

b. Hoffmann

Podemos reconocer en las circunvoluciones del héroe de Hoffmann un tema que interesa particularmente a Freud, siendo éste similar al de "*El Hombre de las Ratas*" (1909) de las *Cinco conferencias sobre psicoanálisis* (1909-1910).

Similarmente a lo que ocurre en este ensayo, en el cuento de Hoffmann, es la persecución por la figura paterna que estudia Freud. Es decir, el "*Unheimliche*" es un aspecto compositivo del complejo edípico.

Sin embargo, no estamos totalmente de acuerdo con

Freud en cuanto al carácter confuso de los personajes del cuento.

Empieza el cuento por un intercambio epistolar, para seguir como narración hecha por un narrador heterodiegético, cuya voz se integra al cuento con el fin de aclarar el temperamento del héroe al lector.

El recurso, a nuestro conocimiento poco común, no deja de sorprender. Sin duda, hallamos uno similar en *Jacques le Fataliste et son maître* (1796) de Diderot, donde éste entrecorta el relato de consideraciones literarias sobre la veracidad narrativa. En el s.XX, Jean Ray, y después Umberto Eco, éste directamente influenciado por la superposición del texto literario a la realidad narrada en Jorge Luis Borges, utilizarán los planos del relato para implementar la multiplicidad de voces, desembocando el principio en Camilo José Cela y su novela *La Colmena* (1951), y, en América Latina, Cortázar y *Rayuela* (1963). *Malpertuis* (1943) de Ray le debe sin duda en su estructura por cuadernos al *Drácula* (1897) de Bram Stoker, a como éste le debe a "*El Hombre de Arena*" de Hoffmann. Poe, en sus amplias introducciones teóricas a sus cuentos, de cuyo uso se apropió Borges, como Diderot en *Jacques le Fataliste*, revelan, al igual que Hoffmann en su cuento, los balbuceos de los géneros narrativos en su proceso de creación y apogeo en el s.XIX.

Ahora bien, como Rodrigo Peñalba en sus cuentos de *Holanda* (2007, v. nuestro artículo), la aparición de la figura del narrador tomando explícitamente posesión de la figura protagónica acusa un proceso de apropiación y filiación. Así, a la manera de Perrault, Hoffmann justifica su inicio advirtiendo al lector de los posibles inicios que desechó, y aprovecha para recrear para nosotros el contexto que propició la relación perceptible entre los autores de las anteriores cartas, las cuales iniciaban el cuento.

La muerte del padre de Nataniel, el héroe, atrae a su casa a Clara y Lotario, dos hermanos también huérfanos. La reestructuración familiar se hace entonces por un desdoblamiento que permite a Nataniel obtener un alto grado de satisfacción sensual, a través de Clara, con la que, según dice el cuento, la unió de inmediato *"una fuerte inclinación mutua, contra la que nadie tuvo nada que oponer"*. Esta acotación suena extraña e innecesaria, si no es que, antes, hubiera otro tipo de relación que haya sido prohibida.

Ahí cabe entonces la identidad creada desde la 1a línea del cuento entre la madre y Clara: "*Mamá estará enfadada y Clara pensará que vivo en tal torbellino de alegría que he olvidado por completo la dulce imagen angelical tan profundamente grabada en mi corazón y en mi alma.*"

El temperamento de las 3 mujeres del cuento es bastante similar: práctico y silencioso. Es la tristeza de la madre vs. los cuentos del padre. El "*indulgente silencio*" de Clara en contra de las largas explicaciones metafísicas de Nataniel, que le hacen pensar a él que "*las almas frías encerraban estos profundos misterios sin saberlo, y que Clara pertenecía a esta naturaleza secundaria"*. Es "*la muda y rígida Olimpia, a la que, a pesar de su belleza, consideraron completamente estúpida"* por su actuación en sociedad.

A este nivel del estudio, se debe considerar que todo el cuento funciona sobre el principio de transferencia e inversión de relaciones.

Al morir el padre, se hace posible el amor de Nataniel, identificándose la figura sustituta con Lotario, hermano de Clara más bien alcahueta de su relación. La única vez en que llegan a enfrentarse, es más bien porque Lotario se enoja de la ausencia de cariño de Nataniel obsesionado por sus visiones hacia su hermana. Pero se resuelve todo de manera feliz.

Es significativo que en la 1a carta dirigida a Lotario, Nataniel le pida, al despedirse, no informar a su madre y prometa otra carta para Clara. Pero, por descuido al parecer, gesto fallido, puso a nombre de Clara la carta, por lo cual es ésta que, aclarando esta equivocación, le contesta.

Poco antes de la muerte de su padre, fue su madre quien, aclara Nataniel en la 1a carta, cuando tuvo 10 años, le "*asignó una habitación para mí sólo, en el corredor, no lejos de la de mi padre*".

Al descubrir las experimentaciones de su padre

con Coppelius, se da cuenta que trabajando con él su padre "*¡Se parecía a Coppelius!*"

Al pelearse con Clara, Nataniel la trata de "*autómata inanimado y maldito*", lo que, en realidad, es Olimpia.

Después de su pleito con Clara, al volver a la ciudad de G. donde se fue a estudiar, Nataniel encuentra quemada la casa donde vivía, lo que permitirá su olvido de Clara y su pasión para Olimpia, ya que la nueva casa donde le reubicaron sus amigos con sus pertenencias salvadas del fuego estaba ubicada, precisamente, en frente de la de Olimpia. Así, igual que de niño la muerte por el fuego de su padre (por la explosión del horno alquímico), permite a Nataniel acercarse al amor, la quema de su primera casa le induce al amor hacia Olimpia.

De niño, es importante que sea a él a quien recae el honor evocado en la 1a carta de encender la pipa de su padre en las reuniones nocturnas, "*lo que me producía un indescriptible placer*".

Así el prender el fuego, oficio de Nataniel, es lo que le produce placer y encamina su destino. Mientras el niño encendía gozosamente la pipa de su padre, la actitud de su madre era la tristeza. Igualmente, la reubicación de Nataniel en el cuarto cerca de su padre, lo que provoca la muerte del mismo, fue elección de su madre. Así, la situación de preferencia natural de la madre hacia el padre se transforma en el cuento en una relación de preferencia entre el padre y el hijo, propiciada por la madre, aunque de esta manera se sienta rechazada, lo que provoca su tristeza.

Así, vencido y muerto el Padre-Coco, quien le provocaba miedo al niño en la noche, recobra su figura propia. "*Mi madre había caída inmóvil junto a su marido.*

-¡ Coppelius, monstruo infame! ¡Has asesinado a mi padre! grité. Y caí sin sentido. Dos días más tarde, cuando colocaron su cuerpo en el

ataúd, sus rasgos habían vuelto a ser serenos y dulces como lo fueron durante toda su vida. Aquella imagen mitigó mi dolor, pensé que su alianza con el infernal Coppelius no lo había llevado a la condenación eterna."

Ante la madre con el padre, todavía el niño ve la figura del maléfico Hombre de Arena, o, mejor dicho, *"la cara destrozada"* del hombre que había llegado a ser su padre. Es sólo a los 2 días que sus rasgos vuelven a ser serenos y dulces como de costumbre.

Nataniel es hijo único, sólo tiene hermanas, por lo que su papel de dependencia hacia el padre es mayor.

Coppelius, al desaparecer después de la muerte del padre, como al aparecer en la llegada de Nataniel a G., volver a desaparecer después del pleito por Olimpia, dejando siempre a Nataniel como primero y último testigo, y al volver a aparecer, dirigir y desaparecer después de la locura final de Nataniel, lo hace un amigo secreto, una mano ajena, una autoridad exterior de la mente de Nataniel.

De hecho, sus apariciones se plantean en momentos de tensiones del deseo de Nataniel hacia objetos concretos: la madre a los 10 años, Olimpia en G. por lo que nace la tensión que le hace olvidar a Clara, hasta de escribirle (cambiando la pureza de una "*imagen angelical*": Clara, como dicen las 1as líneas del cuento, por una sensual y adulta: Olimpia, a la que Nataniel entregará anillo), y obliga a Coppelius a reaparecer. La entrega del anillo a Olimpia que pone a Nataniel en una relación difícil respecto de su pasión siempre declarada por Clara. El propio Coppelius, quien se tornó Coppola en su nueva ciudad, procede de esta superposición simbólica de los hechos y personajes entre sí.

Los ojos, elementos base de estos reencuentros de Nataniel con Coppola, tienen valor repetitivo: 1/ Los niños ante el

Hombre de Arena quien en la versión de la madre les cierra los ojos, en la de la criada se los arranca para hacer reír a sus propios hijos; 2/ los ojos del niño que, porque se puso a espiar a su padre, al ser descubierto de poco logra salvar a sus ojos de la codicia de Coppelius quien los quiere utilizar para sus fines; 3/ la ausencia de ojos de las figuras humanas que rodeaban a Coppelius y el padre de Nataniel en sus experimentos; 4/ la mirada fría de Clara, cuando Nataniel le lee sus textos: 5/ los ojos-lentes vendidos por Coppola; 6/ los ojos de Olimpia, hermosos pero ficticios; 7/ los prismáticos comprados a Coppola y que permiten a Nataniel observar a Olimpia y que, al final del cuento, lo llevan a atentar contra Clara.

El sentimiento placentero de Nataniel al prender la pipa de su padre (símbolo de luz, fuerza, varonil) se equipara con el *"indescriptible placer"* que tomaba Clara en oír sus escritos antes de que reaparezca Coppelius en la vida de Nataniel. Y con la *"ardorosa voluptuosidad"* de Nataniel al permanecer con Olimpia en el baile de presentación de ella.

Es asomándose tras una cortina que logra espiar niño a su padre, y adulto a Olimpia.

Ahí donde Nataniel pudo niño evitarse el proceso de conquista al matar simbólicamente al padre y así adquirir un objeto no compartido de deseo (Clara), es deshaciéndose de este objeto que adulto puede dar todos los pasos hacia regalarle el anillo de compromiso a Olimpia.

Pero, interrumpido este proceso por la tensión de posesión entre el padre de Olimpia y Coppola-amigo secreto/Otro Yo de Nataniel, es contra el objeto inicial: Clara, que se expresa la violencia de

Nataniel al mirarla a través de los prismáticos de Coppola.

No se entiende esta secuencia si no se puede ver la relación de derivación entre los episodios.

Es al sacar "*sin ser visto*" los lentes de Coppola que Nataniel puede mirar en el baile a Olimpia, por lo que "*entonces sintió las miradas anhelantes que ella le dirigía, y que a cada nota le acompañaba una mirada de amor que lo atravesaba ardientemente. Las brillantes notas le parecían a Nataniel el lamento celestial de un corazón enamorado*". Los mismos prismáticos son los que había utilizado para ver a Olimpia en el momento en que los compró:

"Escogió unos pequeños prismáticos muy bien trabajados, y, para probarlos, miró a través de la ventana. Nunca en su vida había utilizado unos prismáticos con los que pudieran verse los objetos con tanta claridad y pureza. Involuntariamente miró hacia la estancia de Spalanzani. Olimpia estaba sentada, como de costumbre, ante la mesita, con los brazos apoyados y las manos cruzadas. Por primera vez podía Nataniel contemplar la belleza de su rostro. Sólo los ojos le parecieron algo fijos, muertos. Sin embargo, a medida que miraba más y más a través de los prismáticos le parecía que los ojos de Olimpia irradiaban húmedos rayos de luna. Creyó que ella veía por primera *vez y que sus miradas eran cada vez más vivas y brillantes."*

Dicho episodio, en que *"Nataniel permanecía como hechizado junto a la ventana, absorto en la contemplación de la belleza celestial de Olimpia"*, expresa indirecta pero explícitamente, un proceso de hechizo. Muertos son los ojos de Olimpia hasta que, al mirarla él, los ojos de ella se humedezcan, como si vieran por 1a vez, adquiriendo vida los ojos de Olimpia a medida que la sacan de la mirada de Nataniel.

Este proceso de traspaso vampírico es el que humedece los ojos de Olimpia con rayos de luna.

Ahora bien, la criada le había contado a Nataniel niño: "- *¡Ah mi pequeño Nataniel! - me contestó -, ¿no lo sabes? Es un hombre malo que viene a buscar a los niños cuando no quieren irse a la cama y les arroja un puñado de arena a los ojos haciéndolos llorar sangre. Luego los mete en un saco y se los lleva a la luna creciente para divertir a sus hijos, que esperan en el nido y tienen picos encorvados como las lechuzas para comerles los ojos a picotazos.*"

Es decir, Olimpia aparece como una de estas hijas lunares del Hombre de Arena.

Por otra pare, el poema premonitorio de Nataniel: "*Finalmente, el atormentado presentimiento de que Coppelius destruiría su amor le inspiró el tema de una de sus composiciones. Se describía a él mismo y a Clara unidos por un amor fiel, pero de vez en cuando una mano amenazadora aparecía en su vida y les arrebataba la alegría. Cuando por fin se encontraban ante el altar aparecía el horrible Coppelius que tocaba los maravillosos ojos de Clara; éstos saltaban al pecho de Nataniel como chispas sangrientas encendidas y ardientes, luego Coppelius se apoderaba de él, lo arrojaba a un círculo de fuego que giraba con la velocidad de la tormenta y lo arrastraba en medio de sordos bramidos, de un rugido como cuando el huracán azota la espuma de las olas en el mar, que se alzan, como negros gigantes de cabeza blanca, en furiosa lucha."*

Se hace realidad, pero con Olimpia:

"El profesor Spalanzani parecía mirar con mucho agrado las relaciones de su hija con Nataniel, prodigándole a éste todo tipo de atenciones, de modo que cuando se atrevió a insinuar un matrimonio con Olimpia, el profesor, con gran sonrisa, dijo que dejaría a su hija elegir libremente.

Animado por estas palabras y con el corazón ardiente de deseos, Nataniel decidió pedirle a Olimpia al día siguiente que le dijera con palabras lo que sus miradas le daban a entender desde hacía tiempo: que sería suya para siempre. Buscó el anillo que su madre le diera al despedirse, para ofrecérselo a Olimpia como símbolo de unión eterna. Las cartas de Clara y de Lotario cayeron en sus manos; las apartó con indiferencia. Encontró el anillo y, poniéndoselo en el dedo, corrió de nuevo junto a Olimpia. Al subir las escaleras, y cuando se encontraba ya en el vestíbulo, oyó un gran estrépito que parecía venir del estudio de Spalanzani. Pasos, crujidos, golpes contra la puerta, mezclados con maldiciones y juramentos:

-¡Suelta! ¡Suelta de una vez!

-¡Infame!

-¡Miserable!

-¿Para esto he sacrificado mi vida? ¡Éste no era el trato!

-¡Yo hice los ojos!

-¡Y yo los engranajes!

-¡Maldito perro relojero!

-¡Largo de aquí, Satanás!

-¡Fuera de aquí, bestia infernal!

Eran las voces de Spalanzani y del horrible Coppelius que se mezclaban y retumbaban juntas. Nataniel, sobrecogido de espanto, se precipitó en la habitación. El profesor sujetaba un cuerpo de mujer por los hombros, y el italiano Coppola tiraba de los pies, luchando con furia para apoderarse de él. Nataniel retrocedió horrorizado al reconocer el rostro de Olimpia; lleno de cólera, quiso arrancar a su amada de aquellos salvajes. Pero al instante Coppola, con la fuerza de un gigante, consiguió hacerse con ella descargando al mismo tiempo un tremendo golpe sobre el profesor, que fue a caer sobre una mesa llena de frascos, cilindros y alambiques, que se rompieron en mil *pedazos. Coppola se echó el cuerpo a la espalda y bajó rápidamente las escaleras profiriendo una horrible carcajada; los pies de Olimpia golpeaban con un sonido de madera en los escalones.*

Nataniel permaneció inmóvil. Había visto que el pálido rostro de cera de Olimpia no tenía ojos, y que en su lugar había unas negras cavidades: era una muñeca sin vida.

Spalanzani yacía en el suelo en medio de cristales rotos que lo habían herido en la cabeza, en el pecho y en un brazo, y sangraba abundantemente. Reuniendo fuerzas dijo:

-¡Corre tras él! ¡Corre! ¿A qué esperas? ¡Coppelius me ha robado mi mejor autómata! ¡Veinte años de trabajo! ¡He sacrificado mi vida! Los

engranajes, la voz, el paso, eran míos; los ojos, te he robado los ojos, maldito, ¡corre tras él! ¡Devuélveme a mi Olimpia! ¡Aquí tienes los ojos!

Entonces vio Nataniel en el suelo un par de ojos sangrientos que lo miraban fijamente. Spalanzani los recogió y se los lanzó al pecho. El delirio se apoderó de él y, confundidos sus sentidos y su pensamiento, decía:

-¡Huy... Huy...! ¡Círculo de fuego! ¡Círculo de fuego! ¡Gira, círculo de fuego! ¡Linda muñequita de madera, gira! ¡Qué divertido...!"

La total incomprensión de Nataniel de la ausencia de reacción de Olimpia ante él:

" Nataniel sacó de los lugares más recónditos de su escritorio todo lo que había escrito, poesías, fantasías,

visiones, novelas, cuentos, y todo esto se vio aumentado con toda clase de disparatados sonetos, estrofas, canciones que leía a Olimpia durante horas sin cansarse. Jamás había tenido una oyente tan admirable. No cosía ni tricotaba, no miraba por la ventana, no daba de comer a ningún pájaro ni jugaba con ningún perrito, ni con su gato favorito, ni recortaba papeles o cosas parecidas, ni tenía que ocultar un bostezo con una tos forzada; en una palabra, permanecía horas enteras con los ojos fijos en él, inmóvil, y su mirada era cada vez más brillante y animada. Sólo cuando Nataniel, al terminar, cogía su mano para besarla, decía:

-¡Ah! ¡ah! -y luego- buenas noches, mi amor."

No se explica, sino porque en eso domina completamente la situación, a diferencia de lo que ocurre con Clara, cuyo silencio calmado es, al contrario del de Olimpia, de enjuiciamiento.

Así, Olimpia y Clara son figuras contrapuestas, pero idénticas. Pues, la 2 son finalmente tachadas, Clara por Nataniel, Olimpia por el narrador, de autómatas.

Es interesante entonces que, a la imperturbabilidad del carácter de Clara-Olimpia, corresponda la violencia de las situaciones en que les involucra la presencia de Nataniel.

al ir a entregar el anillo a Olimpia es que se enfrenta al

pleito Spalanzani-Coppola. En un cuarto donde aparentemente duerme separado de la madre y dedicado a realizar autómatas con vida, es que se enfrenta el padre de Nataniel a Coppelius. Lo que logró Spalanzani es lo que derrotó al padre de Nataniel: darle vida a "*muñeca de madera*".

Es así, indirectamente, en un intento fallido de procreación sin presencia de la madre que el padre morirá indirectamente en manos de Nataniel-Coppelius. La afirmación del padre, relatada por Nataniel, de que sería el último encuentro con Coppelius volviéndose premonición acertada. Pues, en el duelo, siempre sale vencedor Coppelius.

Así en el poema de Nataniel es Coppelius que, antes de que puedan consumir su boda ante el altar, toca los ojos de Clara, volviéndoles impuros. Como cuando niños:

"... *lo que más nos chocaba a nosotros, niños, eran aquellas grandes manos velludas y huesudas; cuando él las dirigía hacia algún objeto, nos guardábamos de tocarlo. Él se había dado cuenta de esto y se complacía en tocar los pasteles o las frutas confitadas que nuestra madre había puesto sigilosamente en nuestros platos; entonces él gozaba viendo nuestros ojos llenos de lágrimas al no poder ya saborear por asco y repulsión las golosinas que él había rozado. Lo mismo hacía los días de fiesta, cuando nuestro padre nos servía un vasito de vino dulce. Entonces se apresuraba a coger el vaso y lo acercaba a sus labios azulados, y reía diabólicamente viendo cómo sólo podíamos exteriorizar nuestra rabia con leves sollozos."*

Los ojos de Clara, ensuciados por la mano de Coppelius, saltan al pecho de Nataniel, Coppelius a su vez arrojando con sus manos a Nataniel al fuego (lo que desdobla la historia del padre, Nataniel sufriendo en el poema lo que el padre en la realidad).

Si en la historia de Nataniel Coppelius lo engaña:

" *En medio de aquel salvaje bramido oyó la voz de Clara:*
-¿No puedes mirarme? Coppelius te ha engañado, no eran mis ojos los que ardían en tu pecho, eran ardientes gotas de sangre de tu propio corazón... yo tengo mis ojos, ¡mírame!"

El hecho de que, al leer el poema en voz alta, Nataniel no reconozca su propia voz y se espante a sí mismo revela que, en ciertos momentos, su mente se desdobla sin que se de cuenta.

Si, como dijimos, las apacibles figuras femeninas son tiradas a situaciones extremas, es también notable que, al final, es un paisaje apacible que provoca la locura asesina de Nataniel. Lo que nos deja suponer que se encubren, detrás de la aparente apacibilidad de las situaciones, motivos no dichos.

Al querer casarse con Olimpia es que Nataniel llega a casa de ella y ve el pleito entre Spalanzani e Coppola.

Al igual que ante su madre abrazando a su padre muerto Nataniel siente la necesidad de gritar con Coppelius, al lanzarle los ojos ensangrentados de Olimpia al pecho, Spalanzani reconoce el robo que le hizo a Coppola y, sin querer, reproduce el gesto de Clara en el poema. Por lo que se produce una identificación entre Coppola y Nataniel:

"... *te he robado los ojos, maldito,...* *¡Devuélveme a mi Olimpia! ¡Aquí tienes los ojos!*"

Así, cuando Coppelius se aprovecha de los ojos de Clara, se vuelve contrincante de Nataniel. Al lanzarle los ojos de Olimpia, parece que Spalanzani confunde e identifica Coppola y Nataniel.

El inicio del cuento:

"*Acostumbraba a llamarnos los animalitos; en presencia suya no nos estaba permitido decir una sola palabra y maldecíamos con toda nuestra alma a aquel personaje odioso, a aquel enemigo que envenenaba deliberadamente nuestra más pequeña alegría. Mi madre parecía odiar tanto como nosotros al repugnante*

Coppelius, pues, desde el instante en que aparecía, su dulce alegría y su despreocupada forma de ser se tornaban en una triste y sombría gravedad. Nuestro padre se comportaba con Coppelius como si éste perteneciera a un rango superior y hubiera que soportar sus desaires con buen ánimo. Nunca dejaba de ofrecerle sus platos favoritos y descorchaba en su honor vinos de reserva."

Nos da 2 informaciones importantes:

1/ La madre alegre, cuando aparece Coppelius, el que lo vuelve impuro todo, asumiendo los sentimientos de Nataniel, se vuelve triste. Así, es significativo que sea en ausencia de la madre (presente inmaterialmente: el horno-vientre; las figuras humanas-niños, v. *Dead Silence*, 2007, de James Wan y Leigh Whannell), que el padre-Coppelius crea procrear, dejándonos sospechar un tipo muy particular de descubrimiento del niño de 10 años, ante un padre transformado en horroroso Coppelius, a similitud del padre violador de *Twin Peaks* (1990-1991, Mark Frost y David Lynch).

2/ Que este Coppelius que privaba a los niños de sus dulces, y era acogido como amo por el padre de Nataniel, tenía, por ende, en la casa, poderes totalmente paternales.

De ahí, tenemos un panorama en el que Coppelius, cuyo nombre, más en su segunda forma, Coppola, evoca el acto de copulación, aparece como doble, a veces del padre (cuando Nataniel lo halla en el cuarto), a veces del mismo Nataniel (frente a Spalanzani).

"- ¿Ves aquellos arbustos que parecen venir hacia nosotros? -preguntó Clara. Nataniel buscó instintivamente en su bolsillo y sacó los prismáticos de Coppola. Al llevárselos a los ojos vio la imagen de Clara ante él. Su pulso empezó a latir con violencia en sus venas; pálido como la muerte, miró fijamente a Clara. Sus ojos lanzaban chispas y empezó a rugir como un animal salvaje; luego empezó a dar

saltos mientras decía riéndose a carcajadas:

-¡Gira muñequita de madera, gira! -y, cogiendo a Clara, quiso precipitarla desde la galería; pero, en su desesperación,..."

La mirada alocada que provoca en Nataniel ver a Clara a través los lentes de Coppola es el recordatorio de lo que vio con los mismos lentes en los ojos de Olimpia. Sea que ve en Clara un doble de Olimpia, que reconozca en los ojos de Clara lo que perdió al enamorarse de Olimpia, o que confunda la llama de amor en los ojos de Clara con la llama vampírica en los de Olimpia.

3 mujeres, 3 muñecas sometidas al destino (la madre obediente al padre, Clara protegida por Lotario, Olimpia bajo el yugo de su padre-creador); ante ellas, Nataniel, en las 3 situaciones, acude a Coppelius-Coppola: con la madre, en contra del padre; ahí Coppelius es todavía una forma del padre castrador en su versión autoritaria, por lo que se opone al padre dulce y charlador del ámbito del día. Nocturno, es quien impone a los niños irse a la cama, para no descubrir los secretos de fabricación de los autómatas-niños (como Olimpia-hija). En vez de evidenciar el proceso, el

Hombre de Arena esconde lo ya creado: los niños para hurtarlos en un saco y llevarlos a la luna creciente (símbolo de fertilización).

Con Clara, el poema revela las tensiones de Nataniel entre un amor platónico de niñez que quiere superar sin poder totalmente, y un amor adulto que no se da, él de Olimpia.

A su vez, asumiendo el papel de Coppelius (padre)-Coppola (hijo), el segundo siendo creación del primero, Nataniel desafía al padre de Olimpia, proponiéndole un casamiento que, según el texto, acepta de forma, diríamos demasiado, extremadamente gozosa (como la madre tan presurosa de ceder su lugar al hijo, ofreciendo a Nataniel un cuarto al lado del padre), pero sin dar un sí rotundo, sino dejando a la hija una elección "*libre*" que permite, y a nivel narratológico introduce, el combate Spalanzani-Coppola.

La elección de situaciones de desviación para expresar otras es otro recurso inhibitivo en la historia de Nataniel: vimos que la supuesto búsqueda alquímica era, en realidad, de creación de autómatas-procreación/castración de niños privados de ojos, como los que, a similitud de Nataniel, no se duermen a tiempo. En este sentido, es evocador el final del poema de Nataniel, donde, como Cronos, se le tira, junto con los ojos de Clara (sus propios testículos), en "*la espuma de las olas en el mar, que se alzan, como negros gigantes de cabeza blanca*".

La lucha contra Lotario evoca la próxima traición: "-*¿Podrás perdonarme alguna vez tú, mi querida Clara, mi único amor?*"

La lucha entre Spalanzani y Coppola por el autómata es el problema, como en la muerte del padre, de la representación sangrienta de la deposición, simbolizada ésta por la entrega del anillo, y la liberación del yugo del padre.

De hecho, tan narcisista es el amor de Nataniel que a su propio dedo pone el anillo, sin lograr nunca entregarlo.

Este infantilismo sexual y sentimental de Nataniel es lo que le lleva a enojarse contra Carla en el momento en que, alejándose de la madre y Lotario, el original sustituto del padre, ante el proceso de ascensión en la torre, Nataniel prefiere negarse a sí mismo el amor de Carla y arrojarla lejos de él.

Es significativo también que Coppola haya sido vendedor de barómetros, que miden la elevación del calor.

La muerte de Nataniel, cuyo nombre es el de un ángel serafín cuyo nombre significa "*Regalo de Dios*" (es decir, un puro espíritu, de donde la dicotomía con las pulsiones físicas que siente el héroe de Hoffmann), termina de sellar su sino como hombre-niño en permanentes tensiones edípicas, con la figura polimorfa de Coppola, a la que se identifica como adulto retomando el mandato del padre, y a la que se identificaba antes el mismo padre, cuando Coppola todavía no había evidenciado su rol de dador de vida (en lo que siempre precisa de una pareja: el padre de Nataniel, o Spalanzani que es profesor de Nataniel), y era sólo Coppelius, identificado con el Hombre de Arena, es decir también con el padre de Nataniel en el misterioso proceso nocturn que ponía triste a su madre, al alejarla de ellos, y hacer cambiar al padre en Coppelius, quien adquiría inexplicablemente todo el poder sobre la casa, y cuyas manos ensuciaban lo que le pertenecía en propio a los niños de la familia.

Los nombres de los personajes en el relato son importantes: mientras Nataniel el ángel se enamora piadosamente de Clara, espejo puro y sin tacha de este amor, el amor por Olimpia ascensión hasta el altar y caída que provoca la muerte del héroe, se ubica bajo el dominio y bajo los fines de Coppola (Copula-ción). Lotario evoca en su nombre el dominio terrenal, físico, sobre su hermana, vs. la unión psicológica, mental, de ella con Nataniel.

La ausencia de nombres dados a los padres de Nataniel permite fortalecer el fenómeno de identificación y derivación Madre-Clara-Olimpia, Padre-Coppelius-Lotario-Spalanzani, Nataniel-Coppola.

2. Análisis de sueños de niños
a. Advertencia

Evidentemente, el anterior estudio, que se pretende de algún valor psicoanalítico, no es una interpretación de nociones intencionales en el cuento, pues Hoffmann es anterior a Freud, sino de una estructura latente, cuyos elementos de suspenso insospechados fueron, ellos sí, utilizados por Hoffmann para construir su historia.

La lectura que de ella hemos hecho nos lleva a evocar algunos casos de psicoanálisis de niños, planteados por Dominique Gobert en *Il était une fois le bon Dieu, le Père Noël et les fées -*

L'enfant et la croyance (París, Albin Michel, 1992).

Este libro, de índole etnopsicoanalítica, jungiana, y probablemente bettelheimiana, aunque orientado a la vulgarización para los padres de familia, como evoca su título, trata de la relación entre niños y mito, asumiendo que éste prepara y revela las estructuras inconscientes en el proceso evolutivo del niño.

Es en el cap.II que evoca varios casos de niños pequeños, quienes reproducen en sus obsesiones temas e historias de la herencia cultural europea.

Por el mismo proceso de selección de la autora, es difícil

saber si estos escasos, aunque significativos, 3 casos revelan tendencias repetitivas firmes de los niños chiquitos a fantasear el sexo, como ya postulaba Freud, o si fueron escogidos para la autora porque servían su desarrollo. De hecho, se le dedica pocas páginas a cada uno, y varios hilos de la interpretación dada por la autora nos parecen quedar sueltos.

Sin embargo, estos ejemplos, si son reales, nos permiten aclarar y redondear los fenómenos e interpretaciones dadas de "*El Hombre de Arena*".

b. Los casos

Pasaremos el caso de Valérie (pp. 52-59), que abre la serie de 3 casos, ya que revela problemáticas del complejo de Electra, a través, según la autora, de una reescritura de la historia de Blanca Nieve.

Más interesante son, para nosotros, los dos casos de niños varones, pues, modelizan lo que vimos en Hoffmann.

El 1er caso es el de Hugo (todas las traducciones de los extractos citados del libro de Gobert aquí presentadas son nuestras):

"*Hugo, de siete años, teme a monstruos que ve todas las noches en* sus sueños. No cree a los monstruos, en verdad, pero cree a los fantasmas y al diablo ya que si no existen, porqué los ve todas las noches en sus sueños. El primero sueño que me dibuja es un castillo muy extremadamente compacto. Encima de las fortificaciones se encuentra un cañón, y al lado de este conjunto muy cerrado y pareciendo inatacable, un pequeño diablo y su lanza. Hugo me comenta su dibujo así: "El diablo quiere atacar el castillo para matar al Rey, su padre. Al principio, no puede, pero se oculta detrás del castillo, logra matar al Rey y decide obtener la Reina. Pero la Reina no lo quiere ya que el diablo sólo tiene siete años. Entonces el diablo se disfraza de Rey y se vuelve más grande que la Reina. Pero es un falso rey ya que les tiene miedo a los ratones. Para para ser un verdadero Rey, tuviera que tener los pies como la Reina, o más bien unos pies más grandes que los de la Reina. El diablo es también un falso rey porque no tiene corona, cada vez que se la pone en su cabeza, la corona se cae. La Reina no lo quiere y llama al guarda para que lo eche fuera."

Desde este primer dibujo, Hugo se muestra muy angustiado por el contenido de este sueño ya que para él, el diablo existe aunque sus padres le hayan afirmado lo contrario. En cuanto al contenido de este comentario, es manifiestamente edípico. Hugo desea tener las insignias de su padre para poder casarse con su madre, la Reina, pero es perfectamente consciente *de no estar a la altura de esta tarea y la Reina no se equivoca a pesar de los subterfugios empleados. No puede, de lo alto de sus siete años, ser una pareja válida para ella y ésta lo saca fuera mediante la intervención del guardia."*(pp. 59-60)

"En el caso de Hugo, la renuncia a su madre no se efectuó aunque se dé cuenta de la diferencia de generaciones y de la imposibilidad de seducir a su madre. En estos sueños, Hugo no sabe que está en el centro de esta dificultad, así como Edipo ignora quienes son Laios y Yocasta para él. Tiene entonces mucha razón en creer al diablo puesto que, inconscientemente, eso significa que cree poder ser un diablo y seducir a su madre sin que su padre lo impida. Sola su madre se da

cuenta del subterfugio pero Hugo sufre enormemente ya que más bien sufrir de no ser a la altura que renunciar al deseo incestuoso hacia su madre.

Cómo salir de esta problemática que hasta le impide trabajar en la escuela puesto que piensa todo el tiempo en ella.

Algún tiempo más tarde, dibuja una casa donde las ventanas están como ojos: posee una nariz y la puerta se encuentra en medio de un agujero bordeado de dientes. La casa llora, y de una lado se encuentra un fantasma con sólo un ojo y nada más que una pierna. Del otro lado se encuentran un muchachito y un adulto listo para enviarle una piedra.

Hugo habla de su dibujo: la casa abre la boca para tragar la puerta y poder hablar. Llora ya que, para eso, tragó un diente. El muchachito huye: tiene miedo, llama a la gente que no lo cree y le tira una piedra en la cabeza. El fantasma con una sola pierna toma el tesoro que se encuentra en la casa.

Aquí todavía el mecanismo de protección de los distintos elementos de su vida psíquica está eminentemente presente: Hugo es a la vez la casa que llora por haber perdido un diente para poder hablar, el muchachito que huye por temor a tener la misma suerte que la casa y el fantasma que se apodera del tesoro de la casa pero a quien le falta un ojo y una pierna. Por otra parte, Hugo está dispuesto a abandonar su dibujo y a irse de tanto que se encuentra de nuevo angustiado *por la evocación del fantasma tuerto y con una sola pierna.*

Hugo, aunque sepa no poder bastarle a su madre, no puede renunciar al deseo de poseerla, lo que implica un temor fantasmal de tener que sufrir medidas de retorsión por parte de su padre, en particular una angustia de castración, es decir, la angustia de ser realmente castrado por su padre, angustia que se manifiesta principalmente por el temor a la mutilación de un miembro, viniendo sustituirse a la mutilación del sexo. Esta es la razón por la que el fantasma que se apodera del tesoro de la casa, es decir, de la madre, es a la vez tuerto y con una sola pierna."(pp. 62-64)

" *"Mi padre, me dice, no tengo que matarlo, se morirá solo y cuando se habrá muerto, me convertiré en papá yo también, me casaré con mi hermana, y mi pequeña hermana será el bebé. Ella se parece a mi madre."*
Le sugiero que casarse, es precisamente elegir a una mujer que no es de su familia.
"¿Pero por qué?" me contesta.
Después de algún tiempo de trabajo, los temas aparecen ahora sin la sobrecarga de angustia que los caracterizaba al principio. Las pesadillas se vuelven menos frecuentes ya que los temas se volvieron más familiar a nivel consciente y en consecuencia menos peligrosos aunque la ley de prohibición del incesto no esté admitida aún.

Mucho más tarde, Hugo plantea el problema en forma de un enigma: un muchachito se encuentra en un barco a la orilla de una playa, tiene ante él tres teclas y encima un punto de interrogación. Si presiona el 1, pierde su paleta, si presiona el 2, cae en la trampa, en el mar y se ahoga, si presiona el 3, la trampa se cierra, me dice.

Le doy la siguiente interpretación: si presiona el 1, está completamente solo y ya no puede obtener la leche de su madre; si presiona el 2, está con su madre pero ya no sabe cómo separarse de ella y se ahoga en el mar (en francés: "mer"="mar" y "mère"="madre" son palabras fonéticamente idénticas, nota del traductor: NB Barbe); *si está con* el 3, su padre está allí con su madre y debe ayudarle a separarse de su madre. ¿Entonces por qué la trampa se cierra? Su padre no puede ayudarle, me responde, sólo le acompaña donde el dentista, no, debe arreglarse solo, es por eso que sólo la tecla 1 es la solución.

Me propone otra historia: un monstruo y su amigo lanzan bombas sobre un papá que está muerto y que tiene las dos piernas cortadas, con sangre por todas partes. Pero la nave espacial de ellos los espera y los coge con una cuerda para que entren. Ellos quieren seguir destruyendo pero la nave espacial es dirigida por un Amo a quien deben obedecer.

Hugo acepta retomar a su cuenta los deseos de muerte y castración respecto a *su padre y, al mismo tiempo, se somete fantasiosamente a la autoridad de un amo, única posibilidad para salirse de la relación de no suficiencia con su madre, la cual, si el padre no basta para prohibir, le remite a esta imagen angustadora de falso rey al que se le cae siempre su corona. Esta corona, Hugo no puede tenerla sino en forma de promesa para un futuro que debe ser fuera de la familia.*

Durante este trabajo, Hugo perdió su creencia angustiada en el diablo, en el fantasma. Cabe pensar que se sentía realmente un diablo de querer satisfacer a la reina a cualquier precio y un fantasma tuerto y con una sola pierna de enfrentarse así a la represión paternal. Pero estas figuras psíquicas prestadas a estas figuras colectivas sólo tomaron su dimensión individual por el sentimiento de Hugo de no tener un padre capaz de prohibirle a su madre. Su padre, en vez de ser el agente de la represión edípica sólo es el que "lo acompaña donde el dentista ". Hugo puede prever casarse dentro de la familia con sus hermanas, escapa aparentemente a la ley de la prohibición del incesto. Pero las figuras del diablo y el fantasma están aquí para hacernos saber que la existencia de tales deseos implica el terror al castigo.

Cuanto más el padre real aparecerá como "agradable" a los ojos de sus hijos, más urgente se hará la necesidad psíquica de las figuras que se substituirán al padre y que aterrorizarán al muchacho. Nada de que asombrarse entonces de que la desaparición de estas figuras terroríficas se acompañe del reconocimiento de la autoridad real del padre."(pp. 64-67)

Elementos de Hoffmann presentes en el caso de Hugo son: 1/ la dualidad edípica; 2/ que pasa por la castración remitida a otro miembro, v. p. 94:
"*Por ejemplo, dos niños de aproximadamente cinco y siete años, viendo un buey, preguntan a su padre si se trata de una vaca o de un toro. El padre empieza las explicaciones acerca de la diferencia sexual entre estos tres animales, y después pregunta a los niños lo que entendieron. Es*

entonces que el niño se pierde en las explicaciones y que su hermana le dice con aire menospreciativo: "Pero en fin, eres una verdadera bestia, todavía no entendiste la diferencia, un toro, tiene cuernos, mientras que una vaca, ¡no tiene!

Lo que ha sido reprimido, en este caso, tanto en un niño como en el otro, es el saber acerca de la diferencia sexual: una inhibición total para el niño a través de su incomprensión, y un desplazamiento, para la niña, sobre una parte del cuerpo "a priori" desexualizada."

3/ La sustitución entre madre y hermana como objeto de deseo; 4/ la aparición de un personaje sustituto que lleva todos los miedos e inhibiciones del niño; 5/ la actitud pasiva del padre cuando no representa la Ley o el Falo, y la necesidad de su sustitución; 6/ la pluralidad de representación de monstruos, que, a la vez, y como dice Freud de los protagonistas de los sueños respecto del soñador, son representaciones todas de sí mismo, pero también del Padre, lo que se acentúa en el 3er caso estudiado por Gobert, el de Jean-Yves (pp. 68-70):

"Ahí tiene otro ejemplo de creencia a los fantasmas bastante similar en su mecanismo. Jean-Yves tiene cinco años, es aterrorizado por los fantasmas que invaden sus sueños, y para ya no tener miedo, se va todas las noches en la habitación de sus padres y

duerme con su madre. *Tiene mucho miedo de la oscuridad, de los animales, de monstruos y de un determinado fantasma que vio a la televisión. Este último viene a su cama para presionarle y tocarle.*

El monstruo que le da miedo tiene un pene, un ombligo. Ya lo había soñado antes: veía el monstruo que quería dormir en la cama de su madre. El papá no quería pero el monstruo terminaba lográndolo. Luego la agarraba con Jean-Yves y le llevaba a dormir en un castillo. Otra vez, el monstruo se transformaba en dama melenuda.

Otro sueño se convierte en una pesadilla: una serpiente a botones quiere saltarle encima, detrás suyo se encuentra un señor que es muy vulgar, que se transforma en fantasma, que bizquea y que tiene pies en serpiente a botones. Sí, mi padre, me contesta, se asoleó, lo que le provocó espinillas ("boutons" en francés, nota de NB Barbe).

Aún otro sueño donde la serpiente aparece de nuevo: "Es un fantasma de todos los colores, es un fantasma volador, es como un cangrejo, quiere agarrarme y pincharme." Le pido lo que quiere robar el fantasma, jugando sobre el doble sentido de "volar" (en francés, el verbo "*voler*" significa a la vez "*volar*" y "*robar*", nota del NB Barbe). *Una mujer, me responde, sin vacilar. Aprendo en los segundos que siguen que, ya que su padre se fue de viaje en avión, duerme de nuevo en la cama de su madre.*

En el sueño siguiente, el papá-fantasma tiene un ojo enucleado, una pierna rota y el pene cortado.

En el caso de Jean-Yves, la figura del fantasma representa a varios personajes. Lo vemos ser, según el momento, el mismo Jean-Yves que quiere dormir en la cama de su madre a pesar de que su papá no quiere. En el sueño siguiente, el fantasma es el representante del padre gracias a los botones(-espinillas) que lo definen, padre a la vez criticado y temido, criticado puesto que es vulgar y ambiguo, y temido puesto que Jean-Yves le tiene gran pavor.

Es por fin la madre que está representada por el fantasma de la dama melenuda. El fantasma se convierte a continuación en el ladrón *de la madre y representa al propio niño.*

La última figuración del fantasma es, claramente, el padre castrado por los deseos de su hijo.

Asistimos, en esta pluralidad de personajes condensados en la misma figura inquietante del fantasma, al fenómeno opuesto de la proyección de cada sentimiento en un diferente personaje a como se da en los cuentos. La explicación que se da al niño del conjunto de estas figuras trae, allí también, la desaparición de las pesadillas y de la creencia angustiada en los fantasmas."

Como en Hoffmann, el cuarto materno es, para Jean-Yves, el lugar fundacional de su relacón epídica.

3. De la sombra jungiana al héroe-monstruo

a. Jung y la sombra

Llegado a este momento del análisis, hemos comprobado la presencia de una representación que es a la vez autorepresentación del Yo activo del individuo en sus pulsiones del "anti-Yo": el Ello, y del SuperYo, los 2: Ello y SuperYo enmarcando entonces el Yo en una relación dual consigo mismo, más o menos lo que plantea Freud en *Malestar en la cultura* (1929-1930).

Si bien Jung y Lacan no proporcionan mayor adelanto en el campo al transformar los 3 términos freudianos respectivamente en Yo-Inconsciente Personal-Inconsciente Colectivo y Real-Imaginario-Simbólico, es al buscar enumerar los arquetipos del Inconsciente Colectivo que Jung le da una mayor amplitud al transformar lo que hemos visto es el Unheimliche en un término que, sin embargo sin relacionarlo, emite como siendo la "*Sombra*", lo que Lacan nombrará a su vez el Estado del Espejo (concepto retomado de Henri Wallon, quien lo describe en *Les origines du caractère chez l'enfant*, 1934) en su ensayo, primero de sus *Escritos*: "*Le stade du miroir - Théorie d'un moment structurant et génétique de la constitution de la réalité, conçu en relation avec l'expérience et la doctrine psychanalytique"* (Comunicación en el 14 Congreso psicoanalítico internacional de Marienbad, publicado en el *International Journal of Psychoanalysis*, 1937, tema retomado por Lacan en *"Le stade du miroir comme formateur de la fonction du Je telle qu'elle nous est révélée dans l'expérience psychanalytique"*, Comunicación del XVI Congreso internacional de psicoanálisis de Zürich, 17 de julio de 1949).

Lacan define el Estado del Espejo como una identificación con una instancia superior, que se cumple en la *"Función Paterna"* (el Otro-Padre), inducida por una *"insuficiencia de anticipación – y que crea para el sujeto, atrapado en la atracción de la identificación espacial, la sucesión de fantasías que se extienden a partir de una imagen-cuerpo fragmentada a una forma en su totalidad que llamaré ortopédica – y, por último, a la suposición de la armadura en la entidad alienante, que marcará con su estructura rígida todo el desarrollo mental del sujeto"*.

En su ponencia de 1949 ya referida, Lacan escribe:
"La conception du stade du miroir que j'ai introduite à notre dernier congrès, il y a treize ans, pour être depuis plus ou moins passée dans l'usage du groupe français, ne m'a pas paru

indigne d'être rappelée à votre attention aujourd'hui spécialement quant aux lumières qu'elle apporte sur la fonction du **je** *dans l'expérience que nous en donne la psychanalyse. Expérience dont il faut dire qu'elle nous oppose à toute philosophie issue directement du Cogito.*

Peut-être y en a-t-il parmi vous qui se souviennent de l'aspect de comportement dont nous partons, éclairé d'un fait de psychologie comparée le petit d'homme à un âge où il est pour un temps court, mais encore pour un temps, dépassé en intelligence instrumentale par le chimpanzé, reconnaît pourtant déjà son image dans le miroir comme telle. Reconnaissance signalée par la mimique illuminative du Aha-

Erlebnis, où pour Köhler s'exprime l'aperception situationnelle, temps essentiel de l'acte d'intelligence.

Cet acte, en effet, loin de s'épuiser comme chez le singe dans le contrôle une fois acquis de l'inanité de l'image, rebondit aussitôt chez l'enfant en une série de gestes où il éprouve ludiquement la relation des mouvements assumés de l'image à son environnement reflété, et de ce complexe virtuel à la réalité qu'il redouble, soit à son propre corps et aux personnes, voire aux objets, qui se tiennent à ses côtés.

Cet événement peut se produire, on le sait depuis Baldwin, depuis l'âge de six mois, et sa répétition a souvent arrêté notre méditation devant le spectacle saisissant d'un nourrisson devant le miroir, qui n'a pas encore la maîtrise de la marche, voire de la station debout, mais qui, tout embrassé qu'il est par quelque soutien humain ou artificiel (ce que nous appelons en France un trotte-bébé), surmonte en un affairement jubilatoire les entraves de cet appui, pour suspendre son attitude en une position plus ou moins penchée, et ramener, pour le fixer, un aspect instantané de l'image.

.../...

C'est que la forme totale du corps par quoi le sujet devance dans un mirage la maturation de sa puissance, ne lui est donnée que comme Gestalt, c'est-à-dire dans une extériorité où certes cette forme est-elle plus constituante que constituée, mais où surtout elle lui apparaît dans un relief de stature qui la fige et sous une symétrie qui l'inverse, en opposition à la turbulence de mouvements dont il s'éprouve l'animer. Ainsi cette Gestalt dont la prégnance doit être considérée comme liée à l'espèce, bien que son style moteur soit encore méconnaissable, - par ces deux aspects de son apparition symbolise la permanence mentale du je en même temps qu'elle préfigure sa destination aliénante; elle est grosse encore des correspondances qui unissent le je à la statue où l'homme se projette comme aux fantômes qui le dominent, à l'automate enfin où dans un rapport ambigu tend à s'achever le monde de sa fabrication.

Pour les imagos, en effet, dont c'est notre privilège que de voir se profiler, dans notre expérience quotidienne et la pénombre de l'efficacité symbolique [2], les visages voilés, - l'image spéculaire semble être le seuil du monde visible, si nous nous fions à la disposition en miroir que présente dans l'hallucination et dans le rêve l'imago du corps propre, qu'il s'agisse de ses traits individuels, voire de ses infirmités ou de ses projections objectales, ou si nous remarquons le rôle de l'appareil du miroir dans les apparitions du double où se manifestent des réalités psychiques, d'ailleurs hétérogènes.

Qu'une Gestalt soit capable d'effets formatifs sur l'organisme est attesté par une expérimentation biologique, elle-même si étrangère à l'idée de causalité psychique qu'elle ne peut se résoudre à la formuler comme telle. Elle n'en reconnaît pas moins que la maturation de la gonade chez la pigeonne a pour condition nécessaire la vue d'un congénère, peu important son sexe, - et si suffisante, que l'effet en est obtenu par la seule mise à portée de l'individu du champ de réflexion d'un miroir. De même le passage, dans la lignée, du criquet pèlerin de la forme solitaire à la forme grégaire est obtenu en exposant l'individu, à un certain stade, à l'action exclusivement visuelle d'une image similaire, pourvu qu'elle soit animée de mouvements d'un style suffisamment proche de ceux propres à son espèce. Faits qui s'inscrivent dans un ordre d'identification homéomorphique qu'envelopperait la *question du sens de la beauté comme formative et comme érogène.*

.../...

La fonction du stade du miroir s'avère pour nous dès lors comme un cas particulier de la fonction de l'imago, qui est d'établir une relation de l'organisme à sa réalité - ou, comme on dit, de l'Innenwelt à l'Umwelt.

.../...

Ce développement est vécu comme une dialectique temporelle qui décisivement projette en histoire la formation de l'individu le stade du miroir est un drame dont la poussée interne se précipite de l'insuffisance à l'anticipation - et qui pour le sujet, pris au leurre de l'identification spatiale, machine les fantasmes qui se succèdent d'une image morcelée du corps à une forme que nous appellerons orthopédique de sa totalité, - et à l'armure enfin assumée d'une identité aliénante, qui va marquer de sa structure rigide tout son développement mental. Ainsi la rupture du cercle de l'Innenwelt à l'Umwelt engendre-t-elle la quadrature inépuisable des récolements du moi.

Ce corps morcelé, dont j'ai fait aussi recevoir le terme dans notre système de références théoriques, se montre régulièrement dans les rêves, quand la motion de l'analyse touche à un certain niveau de désintégration agressive de l'individu. Il apparaît alors sous la forme de membres disjoints et de ces organes figurés en exoscopie, qui s'ailent et s'arment pour les persécutions intestines, qu'à jamais a fixées par la peinture le visionnaire Jérôme Bosch, dans leur montée au siècle quinzième au zénith imaginaire de l'homme moderne. Mais cette forme se révèle tangible sur le plan organique lui-même, dans les lignes de fragilisation qui définissent l'anatomie fantasmatique, manifeste dans les symptômes de schize ou de spasme, de l'hystérie.

.../...

Ce moment où s'achève le stade du miroir inaugure, par l'identification à l'imago du semblable et le drame de la jalousie primordiale (si bien mis en valeur par l'école de Charlotte Bühler dans les faits de transitivisme enfantin), la dialectique qui dès lors lie le je à des situations socialement élaborées.

*C'est ce moment qui décisivement fait
basculer tout le savoir humain dans la
médiatisation par le désir de l'autre,
constitue ses objets dans une
équivalence abstraite par la
concurrence d'autrui, et fait du je cet
appareil pour lequel toute poussée des
instincts sera un danger, répondît-elle
à une maturation naturelle, - la
normalisation même de cette
maturation dépendant dès lors chez
l'homme d'un truchement culturel:
comme il se voit pour l'objet sexuel
dans le complexe d'oedipe.*

*Le terme de narcissisme primaire par
quoi la doctrine désigne
l'investissement libidinal propre à ce
moment, révèle chez ses inventeurs, au
jour de notre conception, le plus
profond sentiment des latences de la*

sémantique. Mais elle éclaire aussi l'opposition dynamique qu'ils ont cherché à définir, de cette libido à la libido sexuelle, quand ils ont invoqué des instincts de destruction, voire de mort, pour expliquer la relation évidente de la libido narcissique à la fonction aliénante du je, à l'agressivité qui s'en dégage dans toute relation à l'autre, fût-ce celle de l'aide la plus samaritaine. C'est qu'ils ont touché à cette négativité existentielle, dont la réalité est si vivement promue par la philosophie contemporaine de l'être et du néant."

Importante para nosotros, además de la definición del Estado del Espejo como "*autómata*" de la "*relación ambigua*" del sujeto con su mundo que construye en la etapa neo fetal acudida por Lacan, el final de la ponencia, donde expone explícitamente que:

" *Mais cette philosophie ne la saisit malheureusement que dans les limites d'une self-suffisance de la conscience, qui, pour être inscrite dans ses prémisses, enchaîne aux méconnaissances constitutives du moi l'illusion d'autonomie où elle se confie.*

Jeu de l'esprit qui, pour se nourrir singulièrement d'emprunts à l'expérience analytique, culmine dans la prétention à assurer une psychanalyse existentielle.

Au bout de l'entreprise historique d'une société pour ne plus se reconnaître d'autre fonction qu'utilitaire, et dans l'angoisse de l'individu devant la forme concentrationnaire du lien social dont le surgissement semble récompenser Cet effort, - l'existentialisme se juge aux justifications qu'il donne des impasses subjectives qui en résultent en effet: une liberté qui ne s'affirme jamais si authentique que dans les murs d'une prison, une exigence d'engagement où s'exprime l'impuissance de la pure conscience à surmonter aucune situation, une idéalisation voyeuriste-sadique du rapport sexuel, une personnalité qui ne se réalise que dans le suicide, une conscience de l'autre qui ne se satisfait que par le meurtre hégélien.

A ces propos toute notre expérience s'oppose pour autant qu'elle nous

*détourne de concevoir le moi comme
centré sur le système perception-
conscience, comme organisé par le
"principe de réalité" où se formule le
préjugé scientiste le plus contraire à la
dialectique de la connaissance, - pour
nous indiquer de partir de la fonction
de méconnaissance qui le caractérise
dans toutes les structures fortement
articulées par Mlle Anna Freud: car
si la Verneinung en représente la
forme patente, latents pour la plus
grande part en resteront les effets tant
qu'ils ne seront pas éclairés par
quelque lumière réfléchie sur le plan de
fatalité, où se manifeste le ça.*

*Ainsi se comprend cette inertie propre
aux formations du je où l'on peut voir
la définition la plus extensive de la
névrose: comme la captation du sujet*

par la situation donne la formule la plus générale de la folie, de celle qui gît entre les murs des asiles, comme de celle qui assourdit la terre de son bruit et de sa fureur.

Les souffrances de la névrose et de la psychose sont pour nous l'école des passions de l'âme, comme le fléau de la balance psychanalytique, quand nous calculons l'inclinaison de sa menace sur des communautés entières nous donne l'indice d'amortissement des passions de la cité.

A ce point de jonction de la nature à la culture que l'anthropologie de nos jours scrute obstinément, la psychanalyse seule reconnaît ce nœud de servitude imaginaire que l'amour doit toujours redéfaire ou trancher.

Pour une telle œuvre, le sentiment altruiste est sans promesse pour nous, qui perçons à jour l'agressivité qui sous-tend l'action du philanthrope, de l'idéaliste, du pédagogue, voire du réformateur.

Dans le recours que nous préservons du sujet au sujet, la psychanalyse peut accompagner le patient jusqu'à la limite extatique du "Tu es cela", où se révèle à lui le chiffre de sa destinée mortelle, mais il n'est pas en notre seul pouvoir de praticien de l'amener à ce moment où commence le véritable voyage."

Jung, por su parte, define en sus textos la sombra de la manera siguiente:

"*La figura de la sombra personifica todo lo que el sujeto no reconoce y lo que, sin embargo, una y otra vez le fuerza, directa o indirectamente, así por ejemplo, rasgos de carácter de valor inferior y demás tendencias irreconciliables.*" (*Bewusstsein, Unbewusstes und Individuation, Zentralblatt für Psychotherapie,* 1939, *Obras completas,* Madrid, Trotta, 1999, p. 265)

"*La sombra es...aquella personalidad oculta, reprimida, casi siempre de valor inferior y culpable que extiende sus últimas ramificaciones hasta el reino de los presentimientos animales y abarca, así, todo el aspecto histórico del inconsciente...Si hasta el presente se era de la opinión de que la sombra humana es la fuente de todo mal, ahora se puede descubrir en una investigación más precisa que en el hombre inconsciente justamente la sombra no sólo consiste en tendencias moralmente desechables, sino que muestra también una serie de cualidades buenas, a saber, instintos normales, reacciones adecuadas, percepciones fieles a la realidad, impulsos creadores, etc."* (*Aion*, 1951, O.c., p. 379)

La sombra es, para Jung (*Recuerdos, Sueños, Pensamientos*, Barcelona, Seix Barral, 1974, p.419): "*la suma de todas las disposiciones psíquicas, personales y colectivas, que no son vividas a causa de su incompatibilidad con la forma de vida elegida conscientemente y se constituyen en una personalidad parcial relativamente autónoma en el oinconsciente con tendencias antagónicas."*

Agrega Erch Neumann (*Psicología Profunda y Nueva Ética*, Buenos Aires, Fabril, 1960, p. 27): "*La sombra es él otro lado'. Es la expresión de la propia imperfección y terrenalidad. O sea lo negativo no coincidente con los valores absolutos; es lo corpóreo en contraposición a lo absoluto y eterno de un alma que 'no pertenece a este mundo'. La Sombra representa la unicidad, lo efímero de nuestra naturaleza; es la condicionalidad y el límite; pero por eso mismo constituye también el sistema nuclear de nuestra individualidad."*

Define así la Sombra jungiana la Dra. Rebeca Retamales Rojas, en su ponencia *"El encuentro con la propia sombra y la autoestima"* (Conferencia internacional *"El Arte de la Paz"*, Caracas 27 y 28 de Abril del 2007):

"El encuentro con la sombra implica una confrontación con uno mismo en el más amplio sentido de la palabra. Es decir, un encuentro con lo inconsciente, con aquella parte de la personalidad de la cual no siempre nos damos cuenta, pero que ejerce un efecto en nuestra vida que puede llegar a sorprendernos. En los sueños, en las imágenes que surgen en la mente, en la creación, en la intuición, en la obra de

arte, en las experiencias que trascienden la realidad concreta, en los actos fallidos, en los lapsus de memoria, en los síntomas neuróticos se está manifestando esa parte de la psique.

De acuerdo con la psicología de C.G. Jung la sombra, está constituida por el conjunto de las frustraciones, experiencias vergonzosas, dolorosas, temores, inseguridades, rencor, agresividad que se alojan en lo inconsciente del ser humano formando un complejo, muchas veces, disociado de la consciencia. La sombra contiene todo lo negativo de la personalidad que el yo, que es el centro rector de la parte consciente, no está siempre en condiciones de asumir y que, por lo mismo, puede llegar a frenar la manifestación de nuestra auténtica forma de ser y de sentir.

En términos generales la sombra corresponde a la parte oscura del alma de todo ser humano.

Expresado de otro modo podemos decir que, en esa parcela de lo inconsciente se reúnen todas las miserias humanas que atañen al individuo y a las colectividades; experiencias, sentimientos, imágenes, símbolos que pueden ser personales y universales. La maldad, el egoísmo, la envidia, el ansia de dominio, de poder, la avidez por el dinero, los celos, la avaricia, la cursilería, holgazanería, presuntuosidad, indolencia, negligencia, la manipulación, la cobardía y muchos de nuestros miedos son emociones y sentimientos que no resulta fácil reconocer como componentes de nuestra personalidad. Muchas veces nos damos cuenta de ellos cuando nos inducen a conflictos con los demás, a manifestaciones agresivas inesperadas, a sentimientos de culpa, a muestras de egoísmo y hasta depresión inexplicables y que, sobre todo, no encajan con la imagen que tenemos de nosotros mismos. Tampoco encajan con la imagen social que queremos dar.

Normalmente cuando el individuo no puede asumir esas características en sí mismo, las atribuye a los demás, esto es las proyecta en los otros. Así podemos ver reflejados nuestros propios defectos, o limitaciones, en las actitudes negativas que adoptamos hacia los que nos rodean. Cuando los prejuicios y la *crítica exacerbada nos impiden relacionarnos, con los vecinos, con los colegas, con las otras razas, con los extranjeros, con los otros países, está funcionando la sombra individual como una parte no integrada de la psique. Pero también los grupos, las familias, las organizaciones y los diferentes componentes de la estructura social tienen su propia sombra."*

Nada más vemos que, ahí donde, para Jung, la Sombra es un alter ego, *"hermano tenebroso"*, para Lacan es creadora de coherencia en la psique (*"si el deseo de la madre es una relación con una ambigüedad, una anfibología, la función paterna añade un referente (el padre). Tal función (valgan los ejemplos tomados de la lingüística) provoca una desambiguación en el psiquismo del infante que significará - en la niña o en el niño- un pensar coherente, el pensar coherente de todo sujeto integrado en la cultura"*, Wikipedia, *"Función Paterna"*), lo que parece desmentir, por lo menos en un sentido lineal evolutivo, los ejemplos antes analizados.

b. Nosotros y la sombra

Ahora bien, el Diccionario de la Real Academia Española define el término *"Sombra"* como:

"1. f. Oscuridad, falta de luz, más o menos completa. U. m. en pl. Las sombras de la noche

2. f. Proyección oscura que un cuerpo lanza en el espacio en dirección opuesta a aquella por donde viene la luz.

3. f. Imagen oscura que sobre una superficie cualquiera proyecta un cuerpo opaco, interceptando los rayos directos de la luz. La sombra de un árbol, de un edificio, de una persona

4. f. Lugar, zona o región a la que, por una u otra causa, no llegan las imágenes, sonidos o señales transmitidos por un aparato o estación emisora.

5. f. Espectro o aparición vaga y fantástica de la imagen de una persona ausente o difunta.

6. f. oscuridad (|| falta de luz y conocimiento).

7. f. Asilo, favor, defensa.

8. f. Apariencia o semejanza de algo.

9. f. Mácula, defecto.

10. f. sombra de ojos.

11. f. coloq. Suerte, fortuna.

12. f. coloq. Persona que sigue a otra por todas partes.

13. f. coloq. Clandestinidad, desconocimiento público.

14. f. Pint. Color oscuro, contrapuesto al claro, con que los pintores y dibujantes representan la falta de luz, dando entonación a sus obras y bulto aparente a los objetos."

No sólo la sombra es la extensión reflejada de nuestro cuerpo a contraluz (2. del DRAE), sino que, por ende, es un doble (3. y 8. del DRAE).

Se ve en *Peter Schlemihls wundersame Geschichte* (1814) de Adelbert von Chamisso, interesante variante de Hyde, es decir, la sombra es nuestro lado oscuro.

El mismo Peter Pan tiene problemas con su sombra. Al actuar ella como mejor le place, adquiere vida propia. Personaje nocturno: aparece por primera vez a Wendy de noche, Peter es quien la rapta hacia un lugar no sexual de permanente infancia. Al olvidarse de la sombra, que marca el paso del tiempo y el curso del sol, los niños se olvidan de crecer

Es común en las narraciones de terror el tema de la sombra que se libera de su dueño y se lo atraganta, volviéndose más grande que él.

En *The Dark* (2005, John Fawcett), de título revelador, es al entrar en pleito con su hija que la madre autoritaria desaparece a provecho de una relación exclusiva de su hija (que ya en los pleitos adolescentes con ella cambia de forma y se vuelve maléfica) con el padre, sentido como peligro (por derivación hacia la figura de otro pastor que vivía en la misma casa que él, y cuya meta había sido rescatar a su hija del más allá marítimo: mar-madre) por la madre que, al concretarse la relación padre-hija, ve perderse la relación, por un lado con su ex esposo (como se ve en el momento en que una noche él y ella acuden al cuarto de la hija, siendo la madre que se esconde al llegar primero el padre a dar las buenas noches y valorar para la hija el papel de la madre), al que ella revela al llegar a casa de él la falta que le hace tanto a la hija como a ella misma (v. las flores que le regala), por otra a su hija toda entregada al padre salvador y raptor a la vez (v. el total enajenamiento al final de la madre respecto de la relación padre-"hija sin embargo rescatada por la madre").

Mientras al final la hija mala se queda con el salvador, la madre (auto-)sacrificada se queda con el raptor que la hace sufrir para que pueda ser feliz su hija.

Ya en la novela *The Exorcist* (1971) de William Peter Blatty, el fenómeno de adolescencia (es decir, entrada en la sexualidad plena y consciente) era pretexto al abordaje psicoanalítico del cambio maléfico de la niña y e por culpa de la época hippie.

En otra película: *They* (2002, Robert Harmon), una estudiante de psicología al graduarse se enfrentará a fuerzas que la llevaran finalmente a desaparecer en el reino de las sombras, es decir, de los muertos y, literalmente, en el armario de la niñez, que es el de *The Indian in the Cupboard* (1981) de <u>Lynne Reid Banks</u> o *It* (1986) de Stephen King, así como de *Monster, Inc.* (2001, Pete Docter y David Silverman).

Así, la sombra es ese peligro al enfrentarse al recuerdo de elementos primarios de nuestra relación con la vida.

En *The Texas Chain Saw Massacre* (1974, Tobe Hooper) como en *The Hills Have Eyes* (2006, Alexandre Aja), es el ámbito rural con su silencio, abandono y primitivismo que se enfrenta a jóvenes de la ciudad. El pequeño pueblo de campo, la travesía con el atajo equivocado son elementos recurrentes de este tema, hasta en *The Invaders* (1967-1968), retomados de los cuentos tradicionales, de los que es el abandono parental en lo más hondo del bosque que provoca los episodios narrados. A menudo, como en *Creasy Eights* (2006, James K. Jones), al obligar a los héroes a abandonar sus carros el tronco atravesado revela que el mundo natural, campestre, rural, se rehúsa en dejar entrar o salir ningún elemento exógeno a él, viviendo autárcicamente. Así, cuando, en la misma película por ejemplo, los héroes, como también a menudo en las películas de horror, no pueden salir del lugar que los tiene aprisionados, es por el mismo principio de inaceptación a cuerpos ajenos y la necesidad de matarlos que tiene el espacio particular de lo antiguo, abandonado, muerto, ante las fuerzas vivas pujantes y contrarias, pero siempre vencidas, que son y representan los intrusos.

c. Papá-Coco

Es interesante que en *The Dark* la niña del agua (que recuerda la de *Lady in the Water*, 2006, de M. Night Shyamalan en su aparición repentina y la aceptación fácil por parte de los héroes de su existencia) aluda al padre-raptor como el del garfio.

Bettelheim en *Psicoanálisis de los cuentos de hadas* (1976) ve a la casa de *Hanzel y Gretel* como la casa materna, acogedora pero castradora, dulce pero peligrosa. Es en la casa que se ubican las películas de horror (*The Others*, 2001, de Alejandro Amenábar; *Hide and Seek*, 2005, de John Polson; *The Messengers*, 2007, de Danny Pang y Oxide Pang Chun), en general casa alejada y de campo, donde vienen a recobrarse de trastornos ciudadanos los héroes. Lovecraft fundó los 2 motivos: 1/ el pueblo histórico; 2/ la casa mutante.

Analizamos el padre con garfio en nuestro artículo sobre la película *Sé lo que hicieron el verano pasado* (1997, Jim Gillespie) en nuestra columna "*Hablemos de Cine*" de *El Nuevo Diario* (Managua, 1/3/1998, p. 16):

"Cuatro adolescentes embriagados atropellan accidentalmente a un peatón, y,creyéndolo muerto esconden el cuerpo. Un año después, la victima empieza su venganza.

Una película por el guionista de *Scream* (lo que explica una cierta comunidad de tema en las dos series, v. nuestro artículo sobre *Halloween H20*).

A) *AL FILO DEL PELIGRO*

Al filo del peligro (*The Edge*) de Lee Tamahori, con Alec Baldwin, Anthony Hopkins y Elle Macpherson, contemporánea de *Sé lo que hicieron el verano pasado*, permite introducirnos en la concepción pedagógica y moral de ésta.

Tras un accidente de aviación, un multimillonario cínico se encuentra perdido en la montaña durante el invierno junto con dos hombres más, uno de los cuales es el amante de su esposa.

Hombre de ciudad, el multimillonario, cuyos numerosos conocimientos son únicamente teóricos según dice él mismo, logra salir avante, poniéndolos en práctica. La cercania con la naturaleza, el contacto con hombres toscos, y su proximidad con el peligro le llevan a encontrar un nuevo significado a su vida, que le llevan a decir al final que los otros murieron tratando de salvarle la vida. Su enfrentamiento con el oso, símbolo clásico de la barbarie, del cual saldrá también vencedor utilizando las técnicas tradicionales de caza indígenas, le imprime un carácter iniciático a su experiencia, que se vuelve purificadora transformándolo en hombre salvaje, al igual de lo que pasa en *El Oso* de 1988 de Jean-Jacques Annaud con Tchéky Karyo, más si se compara con el cuento epónimo de Faulkner en *Go down, Moses!* de 1942, que inspiró obviamente el filme del francés. (Este paralelismo, con simbología iniciático, entre la bestia y el hombre se encuentra también en la edad media en la historia de Ourson y Valentin, y en el filme *Grizzly Falls* de 1999 de Stewart Raffill).

La identificación final en *Al filo del peligro* del multimillonario con el oso que caza representa la purificación de sus celos, pues, el hombre salvaje simboliza tradicionalmente en la edad media al pecado y a la carne (v. Frank Muller, "*Une version eschatologique à l'époque de la Réforme: le Credo de Paul Lautensack*", *Pensée, image et communication en Europe médiévale*, Besançon, Francia, ASPRODIC, 1993, p. 230).

Como se aprecia, la película, inscrita en una perspectiva rousseauniana (e invirtiendo la ironía desengañada de *Porque estamos en Vietnam* de Norman Mailer, cuya situación narrativa es muy similar a la del filme, notaremos que se encuentra también una ambientación y problemática de la reflexión sobre sí mismo en el libro *In the Lake of the Woods* de Tim O'Brien), resalta los valores morales de la humanidad capaz de superar sus conflictos en los momentos difíciles, tema clásico de las películas del género a veces abordado mediante una simbología crística de advenimiento-redención como por ejemplo en algunas películas de John Wayne.

B) CONSIDERACIONES CIRCUNSTANCIALES SOBRE LA CARRERA DE LOS INTERPRETES DE *SE*

LO QUE HICIERON EL VERANO PASADO Y BUFFY LA CAZADORA DE VAMPIROS

Sé lo que hicieron el verano pasado de Jim Gillespie, con Johnny Galecki, Sarah Michelle Gellar, Jennifer Love Hewitt, Ryan Philippe, Freddie Prince Jr. y Bridgette Wilson, es también un filme con tendencias educativas.

Gellar tiene aquí un papel similar al que interpreta en *Scream 2*.

Ella se volvió la actriz más adulada por los adolescentes, dándose a conocer con la serie televisada *Buffy Cazadora de Vampiros*, empezada en 1997 (año de salida en las salas de cinema de *Scream 2* y *Sé lo que hicieron el verano pasado*), serie con Amber Benson, Marc Blucas, David Boreanas, Nicholas Brendon, Adam Busch, Charisma Carpenter, Emma Caufield, Bailey Chase, Lindsay Crouse, Alexis Denisof, Eliza Dushku (*True Lies*, *Jump*, *Bring It On*), Andrew J. Ferchland, K. Todd Freeman, Seth Green, Harry Groener, Jason Hall, Alison Hannigan, Anthony Head, George Hertzberg, Clare Kramer, Robia La Morte, Juliet Landau, Thomas Lenk, Ken Lerner, Mercedes McNab, James Marsters, Mark Metcalf, Leonard Roberts, Armin Shimerman, Danny Strong, Kristine

Sutherland, Michelle Trachtenberg y Charlie Weber, inspirada del filme epónimo de 1992 de Fran Rubel Kuzui, con Michele Abrams, David Arquette, Randall Batinkoff, Mark DeCarlo, Natasha Gregson Wagner, Rutger Hauer, Sasha Jenson, Andrew Lowery, Luke Perry (intérprete de *Beverly Hills 90210* y *El Quinto Elemento*), Paul Reubens, Stephen Root, Donald Sutherland, Hilary Swank (protagonista también en *Beverly Hills 90210*, así como en *The Gift*), Paris Vaughan y Kristy Swanson (actriz de *Hot Shots* y la serie *Early Edition*, que tiene aquí el rol titular). Volvemos a encontrar a Boreanas en

Valentine de 2001, con Jessica Capshaw, David Cosgrove, Katherine Heigl y Denise Richards, que (aun si el carácter de psicópata vengativo y enmascarado del protagonista de *Valentine* se asemeja más a los personajes del tipo de *Halloween*, *Nightmare on Elm Street* y *Sé lo que hicieron el verano pasado*) es una versión masculina del tema de *Carrie* por Jamie Blanks (que dirigió también *Leyenda Urbana*), siendo aquí no el crucifijo, como en *Carrie*, sino el ángel del amor el motivo recurrente en la cinta. Se puede así también comparar el momento final en *Carrie* e inicial en *Valentine* donde un líquido rojo está vertido sobre el desgraciado héroe, símbolo del himen perdido, a semejanza del pañal de la Tierra Madre violada en la cosmología Dogón.

Al lado de Kaz Kuzui, Fran Rubel Kuzui es el productor ejecutivo tanto de la película *Buffy la Cazadora de Vampiros* como de la serie consiguiente, y de *Angel*, empezada en 1999, prolongación con Amy Acker, Sam Anderson, Julie Benz, Boreanas, Carey Cannon, Carpenter, Denisof, Gellar, Andy Hallett, David Herman, Matthew James, Christian Kane, Vincent Kartheiser, Daniel Dae Kim, Landau, Julia Lee, Mark Lutz, John Mahon, BJ Porter, Glenn Quinn, J. August

Richards, Elisabeth Rohm, Stephanie Romanov, Randall Slavin, Keith Svarabajka y Brigid Conley Walsh, de la serie *Buffy la Cazadora de Vampiros*, pero alrededor de la figura del vampiro romántico Angel, antiguo enamorado de Buffy, reemplazado en *Buffy la Cazadora de Vampiros* por un militar también cazador de vampiros, y más tarde por el rubio vampiro Spike, al origen antitesis extravertida y malévola del tenebroso y ahora compasivo Angel. Acentuando su relación, Spike apareció en la serie *Buffy la Cazadora de Vampiros* como amante de una vampira, que no era sino una de las primeras victimas de Angel, cuya antiguo sadismo despiadado llevó a la locura.

La importancia de la tipología en los estudios de arte se confirma, una vez más aquí, con el paralelismo existente entre por una parte la escena de humiliación, inspirada de *Body Evidence*, del pretendiente atado por Richards a una cama, cuando le quema el sexo con la ceja líquida de una candela (también que color rojo, significativamente como la bebida vertida del inicio), y por otra la escena de la muerte de Richards ahogada en la píscina, el psicópata, encarnado por Boreanas que tiene en la cinta un papel doble similar al de Angel en la serie *Buffy la Cazadora de Vampiros*, le hiere el brazo con un taladro. Así, clásica y lógicamente, respecto del mensaje acerca de la relación de géneros en el filme, la candela, vertical, iluminadora y aquí vertidora, se asocia con el sexo masculino (como también en las canciones del francés Alain Bashung o las alegorías pictóricas del artista nicaragüense Juan Rivas, y a semejanza de la flecha hacia arriba en la obra de Dalí, Klee o, inversa y dialécticamente puesta hacia abajo en las realizaciones de la también nicaragüense Patricia Belli, v. N.-B. Barbe,

""*Pañuelo de Lágrimas*" y la visión psicoanalítica del cuerpo como postulado feminista en Patricia Belli", *El Nuevo Diario*, Iera parte: 9/5/1998, p. 10; IIa parte: 10/5/1998, p. 13; IIIa y última parte: 13/5/1998, p. 10), y el agua (promordial, genesíaca) con el ser femenino. El taladro, forma compensadora de la candela caída y vertida anteriormente sobre el sexo del pretendiente, resaltando esta dicotomía de simbología.

Gellar aparece también en 1999 en *Simply Irresistible*, y en *Cruel Intentions* de Roger Kumble, con Selma Blair (otra heroína de serie televisada, conocida por su papel titular en

Zoe, Duncan, Jack and Jane),
Louise Fletcher, Tara Reid, Sean
Patrick Thomas, Reese
Whiterspoon y Ryan Phillippe
(revelado en particular por su
actuación en *54*, al lado de Neve
Campbell, Salma Hayek, y Mike
Myers). *Cruel Intentions*, versión,
también para adolescentes, del
libro de Choderlos de Laclos
por Kumble (a la que el cineasta
dará continuación en el 2000
con el telefilm - del que es
también guionista - *Cruel
Intentions 2*, con Amy Adams,
Shûko Akune, Emmanuelle
Chriqui, Robin Dunne, Barry
Flatman, Teresa Hill, Barclay
Hope, Tane McClure, David
McIlwraith, Jonathan Potts,

Kerin Lynn Pratt, Mimi Rogers, Sarah Thompson, Clement von Franckenstein, Caley Wilson y Deanna Wright) es una nueva adaptación hollywoodiana de la obra original, después de la película de 1988 de Stephen Frears que recibió varios Academy Awards: *Dangerous Liaisons*, con Glenn Close, John Malkovich, Michelle Pfeiffer, Keanu Reeves y Uma Thurman, y de la consecutiva *Valmont* de 1989 de Milos Forman, con Fairuza Balk, Annette Benning, Colin Firth, Sian Phillips, Meg Tilly e Henry Thomas. Ya en 1960 el francés Roger Vadim pusó en escena la novela de Laclos, con Jeanne Moreau,

Gérard Philipe y Annette Vadim.

C) *PSICOANALISIS DE LOS CUENTOS DE HADAS*

Desde el inicio de *Sé lo que hicieron el verano pasado*, por el hecho de que los héroes son adolescentes y por el medio escolar (recurrente en este tipo de películas, v. *Halloween*, *Scream*, *Leyenda Urbana*) en el que se desenvuelve la cinta, se define como una película para adolescentes. Otros elementos lo evidencian: la música "*grunge*" del filme y la evidente influencia de películas del género, en especial de *Viernes 13*.

De hecho, la evolución más general del género de horror

desde los años 1980 hacia un público adolescente es confirmado, "par rebond", por la crítica de *EXistenZ* de 1999 de David Cronenberg, con Ian Holm, Jude Law, Jennifer Jason Leigh, Don McKellar, Sarah Polley y Callum Keith Rennie, como "*una verdadera película fantástica para adultos*" en *Canal +* - *Le magazine des abonnés* de noviembre del 2000 (París, p. 42).

La trama de *Sé lo que hicieron el verano pasado* empieza en el momento en que los cuatro héroes celebran su graduación y van ingresar a la universidad, es decir en un momento de pasaje. Durante la despedida en la playa se cuentan historias de horror, fábulas morales del folklore sobre el peligro de las relaciones sexuales antes del matrimonio dice una de las chicas, y hacen el amor.

El hombre que atropellan al concluir la velada resulta ser un asesino que acaba de matar a su yerno, acusándole de la muerte de su hija, ocurrida por accidente automobilístico, precisamente en ese lugar.

La identidad de situaciones nos invita a estudiar más precisamente el valor mitológico del ciclo. Como en *La Bella del Bosque Durmiente* según Bruno Bettelheim, el año trágico, ruptura en la vida de los héroes después del accidente, representa un período de transición. Para volver a tener su vida anterior, los héroes van a enfrentar al padre castrador, Saturno vencido, cuya mano-garfio, símbolo fálico (al igual que el accidente de coche, como vemos comparando *Sé lo que hicieron el verano pasado* con la recurrencia de los trenes asociados con mujeres desnudas y languidas en la obra pictórica del surrealista belga Paul Delvaux) como lo destaca una de las heroínas desde el inicio, finalmente será cortada. El psicópata con su mano-garfio tiene por antecedentes el Capitán Hook, enemigo de Peter

Pan, niño que rehuza el mundo de los adultos, y más que todo, al nivel cinematográfico y de género, el cajun loco Manon, encarnado por Lon Chaney Jr., de *The Alligator People* de 1959, con Bruce Bennett, Richard Crane, Beverly Garland, Frieda Inescort, Douglas Kennedy e George Macready, penúltima película realizada por Roy del Ruth, en la que a la casada abandonada (virgen simbólica) corresponde el esposo transformado en aligator (marido cuya figura nos remite a los clásicos: cuestionamiento fantasioso acerca de la generación ovípara; imagen mítica del falo-serpiente; y referencia iconográfica a la lujuría a semejanza de lo que ocurre en *Juego de Gemelas*, v. nuestro artículo sobre esta cinta - el garfio del cajun loco, que intenta violar a la heroína, acentuando la problemática fálica de lo lícito-ilícito en la relación matrimonial -). El episodio de *Sé lo que hicieron el verano pasado* en el que el moribundo atropellado se ase de la corona de reina de la belleza al momento de ser arrojado al mar por la ganadora que tendrá que entregarla al año siguiente, exactamente la noche en que morirá, reproduce, invertido, el episodio de la rueca de *La Bella*

Durmiente o de la manzana de *Blanca Nieve*.

La hija muerta del hombre como la ciudad de pescadores donde se desarrolla la trama de *Sé lo que hicieron el verano pasado* nos recuerdan los numerosos mitos, estudiados por Lévi-Strauss en lo que concierne a América, de una mujer (la tierra-madre, la hija del sol, la luna o las Pléyades) que persiguida y desposada por primera vez se esconde en el fondo del oceano, asustada por la violencia del acto sexual, mientras que al pretendiente o esposo (verdadero o falso) invariablemente se le castiga por hacer el amor con ella.

En este contexto el carro que corre demasiado veloz como el garfio son símbolos fálicos evidentes. El hombre atropellado con la cara ensangrantada que ninguno de ellos se atreve a tocar, pero que todos tratan de ocultar para no ser culpados de sus actos, aparece como el tradicional símbolo del sexo-cuerpo destrozado (v. los mitos de Euridice y Orfeo, Semele y dionisos,...) cuya visión como en la película francesa *La passerelle* de 1988 de Jean-Claude Sussfeld - también guionista de la cinta -, con Pierre Arditi, Odette Barrois, el actor cómico Didier Bénureau, Jean-Louis Cousseau,

Mami Derrieux, Aurelle Doazan, Jany Holt, Germaine Lafaille, Pierre Lefrançois, Lucienne Legrand, Jean Le Luc, Jean-Marie Marion, Mathilda May (que volvemos a encontrar en *El Chacal*), Laurence Ragon y Guillaume Souchet, espanta, o mata (v. Pascal Quignard, *Le sexe et l'effroi*, Paris, Gallimard).

Como de costumbre en las películas de este género, el malo aunque vencido no muere. Su presencia aquí revela un discurso moral sobre el amor ilícito, peligrosa falta de responsabilidad, y sus consecuencias imprevisibles.

Así como lo apunta el psicópata al final, el acto sexual y

el accidente fueron consecutivos a la provocativa elección de la reina de belleza y a la toma de alcohol en la fiesta.

Al año siguiente, los héroes ya se dan cuenta del ridículo de la elección de la reina de belleza el día de la fiesta patria. El espejo quebrado en dos encontrado por primera vez por las heroínas en la casa de la hermana del yerno del hombre que atropellaron simboliza el cambio que sufren los héroes al pasar a la edad adulta, cambio que resulta claramente incomprensible y chocante para la madre de una de las heroínas. En el momento de arrojar el cádaver al mar, los héroes, insistiendo en el carácter psicoanalítico del acto, identifican explícitamente el desconocido al hombre con un garfio en lugar de mano del cuento.

Vencido finalmente por el joven pescador (personaje tradicional de los cuentos para niños, porque tipo por excelencia del que sufiró una iniciación, v. nuestro artículo sobre *El Complot*) gracias al sistema de poleas del barco, el psicópata aparece como la imagen fantasmagórica del padre. Pues, el padre de la reina de belleza no se ocupa de ella. El de la otra heroína ya murió, lo que explica su afección por el joven pobre quien no conoció a su padre y sólo sabe que era pescador, al igual que el psicópata que les está acosando. Al ser llevada en un carro en forma de concha el día del desfile, la reina de belleza aparece como una Venus, y por ende el pescador psicópata como un Saturno.

A la orilla del mar, la ciudad donde se ubica la acción aparece como el lugar indefinido y materno primordial en el que el ego de los héroes se puede desarrollar y expender hasta asumir sus propias elecciones, es decir lo ocurrido, aunque lo que hacen no sea siempre lo correcto (sino lo más apropiado a sus necesidades propias).

El carro es un símbolo fálico que se opone al del garfio en una relación de superación. Es el héroe dueño del carro que quitará la corona de las manos de la víctima al mismo tiempo que arroja el hombre al mar. El psicópata en sus diversos ataques reconstituye simbólicamente la sucesión de los eventos de la noche fatal. Al atacar al dueño del carro, cuestiona el poder de éste, la belleza de la reina al cortarle el pelo, y el silencio de la otra heroína al ponerla ante el cuerpo muerto de su enamorado secreto, quien por protegerla a ella no había dicho lo que sabía a la policía.

Finalmente, la hermana mayor de la reina de belleza, que también morirá por culpa de ella, representa el buen ejemplo puesto en peligro por causa de la inconsciencia de su hermana menor; como personaje moral, ella es el contrario de la mala hermana envidiosa de los cuentos de hadas, con la que sin embargo, en primera lectura, pareciera confundirse.

Por la proximidad de los títulos, confirma nuestra interpretación de *Sé lo que hicieron el verano pasado*, en sentido generacional (típico de las películas de horror, como volveremos a ver, por ejemplo en nuestros artículos sobre *Un hombre lobo americano en París*, *Halloween H20* y *Perturbados*), la oposición entre la tía - arquetipo de la Ley - y la sobrina - imagen del individuo en oposición a la fuerza coercitiva e irreductible de la Ley - (que por otra parte no es sin recordarnos a *Casa de muñecas* y *Hedda Gabler* Henrik Ibsen) de *Suddently Last Summer* de 1959 de Joseph L. Mankiewicz, con Montgomery Clift, Albert Dekker, Katharine Hepburn, Mercedes McCambridge, Gary Raymond y Elizabeth Taylor, cinta que, basada en la pieza de teatro de Tennessee Williams (donde se encuentran las recurrentes preocupaciones homosexuales trágicas de la obra de Williams), aclara tanto al final de *Drowning by Numbers* de 1991 de Peter Greenaway, como a sus antecedentes, en particular *L'Avventura* de 1966 de Michelangelo Antonioni e *"Sleuth"* de 1972, última cinta de Mankiewicz (v. nuestros artículos sobre *Mejor... Imposible* y *EdTV*)."

En los 2 casos: casa materna y padre con garfio, es la Ley parental que, como en los sueños de niños citados por Gobert y en el cuento de Hoffmann, se opone al proceso de liberación de los niños.

En nuestra columna *"Hablemos de Cine"* (1997-1999, publicado en volumen incluyendo inéditos: 2001, 2007, Bès Editions), pudimos así estudiar la sorprendente recurrencia del modelo-base, no en sentido genético o cronológico, sino para nosotros en nuestro proceso investigativo, de *Sé lo que hicieron el verano pasado* en repetidas películas (*Wishmaster, Halloween H20, Un hombre lobo americano en París, Perturbados, Spawn, The Rage: Carrie 2, Stigmata*; v. también en nuestra columna *"Cultura Logia"*, 2005-2007, también de *El Nuevo Diario*, nuestros artículos sobre *"La Casa de Cera"*,

16/9/2006, p. 10, y "*El laberinto del Fauno*", 7/7/2007, p. 10).

En *Hannibal Rising* (2007, Peter Webber), se ve cómo las pulsiones carnívoras del niño hacia su hermana, justificándose por ser atribuidas a adultos sustitutos perversos de los padres muertos en circunstancias de guerra que provocan también la llegada de dichas figuras de reemplazo, son las que asume el héroe al reproducir el original ritual de canibalismo incestuoso asistido hasta cierto punto (el momento en que ya no necesita esta figura tutelar) por la esposa de un tío muerto que le apoya y ayuda en sus desvaines asesinos en los que ella toma cierto placer y que son originalmente producidos: 1/ por asumir la influencia totémica de personajes genealógicos (ancestrales samuráis, cuya ley y normas de honor parecen equivocadamente validar para el héroe su actuación asesina y perversa); 2/ acceder al renovadamente evocado sexo de esta tía en una simbolización del acceso que lo depura de sexualidad sustituyendo la penetración por el despedazamiento de los hombres atraídos por la tía (fenómeno similar al de *Psycho*, 1960, de Alfred Hitchcock).

Así la tía aparece como

reincarnación de la fantasía hacia la hermana (como en el caso de Jean-Yves, tía y hermana son figuras de la madre, pero por su relativo alejamiento en la relación parental con el niño, vuelven el deseo de incesto más aceptable para él).

Así, tanto en el caso de la hermana menor como de la tía, Hannibal asume un papel protector (de Padre) que, paradójica pero lógicamente (porque no es el Padre), va a provocar la muerte de su hermana y (porque no es su tío) el alejamiento de su tía.

d. El héroe-monstruo

Vemos que, al no

reconocerse en su diferencia, Hannibal se revela a nostros y a sí mismo como monstruo. Lo dice la película: muerto cuando era niño, y su corazón con su hermana, tornándose el "*monstruo*" que explícitamente dice el policía, a su vez contraparte de Hannibal (el sensato Lotario de "*El Hombre de Arena*") ya que, a pesar de haber también perdido su familia en la guerra, no se volvió psicópata.

Se autoidentifica Hannibal como monstruo cuando, alejándose de él para siempre su tía, ya que, como el Conde de Monte Cristo, no puede olvidarse de su sangrienta venganza, el último castigado le recuerda que él también se comió, y lo peor con ganas, a su hermana, y que, además, era consciente de ello y le gustó. Por lo cual reproduce intentando justificarlo moralmente en forma culinaria (por el placer que le da el gusto cocinado de la carne humana) este ritual caníbal. Es característico que, al abandonarle su tía, Hannibal, en vez de detenerla, se vuelca hacia la apetitosa mejilla de su torturado, principal responsable de la muerte de su hermana, sustituyendo así el objeto de su deseo de simbólico, inconfesable e incestuoso, en satisfacción no autorizada pero posible de lograr, aún fuera de la Ley, y también de la familia. Al satisfacerse con un cuerpo masculino, Hannibal nos revela el carácter narcísico de su amor.

Similarmente a lo que ocurre en *Hannibal Rising* (donde el héroe sustituye sus pulsiones narcisistas hacia sí mismo y dentro de su familia, por un goce inmediato hacia figuras masculinas, a quienes les achaca sus propios pecados), en *V for Vendetta* (2005, James McTeigue), el héroe es también el torturador de la heroína, supuestamente por el bien de ella. La sustitución del malo por la figura protagónica (el mismo héroe o su mejor amigo o jefe inmediato) es un fenómeno tan común que sus ejemplos son innumerables: *Les Chants de Maldoror* (1868-1869) del Conde de Lautréamont, *The murder of Roger Ackroyd* (1926) de Agatha Christie, *Angel Heart* (1987) de Alan Parker, *No Way Out* (1987) de Roger Donaldson, *The Usual Suspects* (1995) de Bryan Singer, *Mission: Impossible* (1996) de Brian De Palma, *The Devil's Advocate* (1997) de Taylor Hackford, *Fight Club* (1999) de David Fincher, *Blood Work* (2002) de y con Clint Eastwood, *Secret Window* (2004) de David Koepp (filme basado en una novela de Stephen King), *Constantine* (2005) de Francis

Lawrence, *Hide and Seek*. Esta identificación es la contraparte de la identificación crística del narrador romántico (que estudiamos en nuestro artículo sobre "*Edvard Munch*" de la presente serie, así como en "*Los Malditos*", *El Nuevo Diario*, 11/12/1998, p. 10, y "*La construcción de la identidad en "La dama de Urtubi" de Baroja*", *Bolsa Cultural*, No 91, 14/5/1999, pp. 4-5), lo que confirma la participación estelar de Keanu Reeves tanto en *The Devil's Advocate* y *Constantine*, como en la trilogía *The Matrix* (1999 y 2003, Andy e Larry Wachowski). Lo confirma también la saga *Star Wars*, empezada en 1977, de

George Lucas, desde, precisamente, la relación mitológica (en los mitos y leyendas clásicas, como en la literatura popular, en particular del s. XIX) padre-hijo.

En *Origines littéraires de la pensée contemporaine* (Bès Editions, 2001), y en particular en nuestro trabajo *Mythanalyse du héroe dans la littératura policière (de Dupin, Lupin et Rouletabille aux super-héros de bandes dessinées et de cinéma* (2004, Bès), asimismo como en varios artículos de "*Hablemos de Cine*" (v. en el libro correspondiente los artículos sobre: *Contracará*, *Misión: Imposible - La película*, *El Complot*, *Most Wanted*, *The Truman Show*,

EdTV, *The Matrix*, *No Way Out*, *Fight Club*), venimos analizando este recurrencia identidaria bajo el concepto de "*héroe-monstruo*".

Así lo definimos en el artículo "*The Horse Whisperer*" (22/11/1998, p. 10) de "*Hablemos de Cine*":

"Cómo un gruñon finquero norteamericano logra devolver el deseo de vivir a una adolescente cruelmente marcada por el destino.

A) *THE HORSE WHISPERER* Y *THE POSTMAN*

En *Los Vengadores*, cuando los héroes penetran en el antro del malvado de arquitectura neoclásica y equipado con una tecnología hipermoderna, significativamente se detienen en la parte clásica, a mirar los sofisticados artefactos, afirmando así su pertenencia al mundo tradicional como signo distintivo valorativo de su ser.

En *The Horse Whisperer* de Robert Redford - también productor de la película -, con Scarlett Johansson, Sam Neill, Kristin Scott Thomas (*Four Weddings and a Funeral*, *Random Hearts*) y Redford (que retoma aquí un papel opuesto al que tenía en *The Electric Horseman* de 1979 de Sydney Pollack, con Wilford Brimley, Jane Fonda, Basil Hoffman, Willie Nelson y

Valerie Perrine), basada en la exitosa novela de Nicholas Evans, que a su vez se inspira en la experiencia de Grant Golliher, como en *Vientos de Esperanza*, *En la Riqueza y en la Pobreza* o filmes anteriores como *Fried Green Tomatoes* de 1991 de Jon Avnet, con Kathy Bates, Mary Stuart Masterson y Jessica Tandy, o *Simples Secretos*, el regreso de los héroes a un modo de vida tradicional es lo que les lleva a reconstruirse y redescubrirse física y moralmente a sí mismos.

Con referencia a *Chisum* al final cuando el héroe sobre su caballo ve alejarse a la heroína, en *The Horse Whisperer* se oponen la heroína londinense de New

York y el cowboy del Gran Oeste norteamericano.

A semejanza de lo que ocurre en *En la Riqueza y en la Pobreza*, es enfrentándose al mundo patriarcal tradicional que la heroína descubrirá su papel real de mujer dentro de dicha sociedad, y aceptará asumirlo.

Como en las obras de Caleb Carr, New York viene a ser la imitación del modelo europeo. Y como en "*Se puede evitar el conflicto*" de Asimov, la europea se vuelve a su vez un pálido reflejo del alma norteamericana. Así su áfan de éxito hace de ella una caricátura de los yuppies. A ella se opone el cowboy, encarnado por Robert Redford, realizador del filme, quien personaliza el típico mito nacionalista de la sociedad en perpetua expansión de las superpotencias (v. el Londres o el París de inicios de siglo, el arte de los futuristas italianos, o *Godzilla*).

La contraposición entre los dos carácteres (reemplazada más directamente en *CopLand* de 1998 de James Mangold, con Ray Liotta, Sylvester Stallone, Robert De Niro y Harvey Keitel (estos dos actores que trabajaron juntos en varias películas de Martin Scorsese, y se encuentran de nuevo aquí), y *The Family Man* por la contraposición maniquea entre New York, en cuanto ciudad tentacular de los rascacielos, y sus arrabales, como arquetipos de la vida de proximidad en los E.U.) puede comprenderse comparando los principios de libertad y apología de la clase media norteamericana en "*El sha Guido G*" de Asimov y en *Titanic*, típicos de la autoafirmación de la sociedad industrial occidental posterior a los años 50 (v. también en este sentido la última película, en forma de sketches, de Renoir).

Como en "*El sistema marciano*" de Asimov, *Las crónicas marcianas* de Bradbury o *Perdidos en el espacio*, el pionero es el arquétipo del hombre del Nuevo Mundo.

En *The Postman*, tercera película de Kevin Costner como director, y versión terrestre de *Waterworld* y futurista de *Danza con los Lobos*, se desarrolla un discurso antibélico y ecológico que sirve de sustrato a la apología del mismo modelo whitmaniano La temática como la duración del filme, similar ésta a la de *The Horse Whisperer*, refieren a las películas de Capra o a la biografía de Lincoln con Henry Fonda. La larga duración de la película nos deveulve también, como en *The Horse Whisperer*, al soplo épico de los westerns.

El correo es junto al ferrocarril lo que permitió la edificación de los E.U. como nación (v. también por ej. el cuento de Philip K. Dick, "*A Terran Odyssey*", reed. *L'oeil de la Sibylle*, París, Denoël-Folio SF, 1987, p. 121). Idea que refuerza el personaje encarnado por Costner, que se convierte en héroe a pesar suyo, recordándonos al protagonista de *The Man Who Shot Liberty Valance* de 1962 de John Ford, con Lee Marvin, Vera Miles, James Stewart y John Wayne (Miles y Wayne habiéndose encontrados ya en *The Searchers* de 1956 de John Ford), lo mismo que a los Don Nadie de Capra, símbolos de la nacionalidad.

La homonimía entre los títulos *The Postman* (1997) y *Il Postino* (película de 1994 de Michael Radford sobre el exilio de Neruda en Italia) hace de *The Postman* la expresión, paralela a la problemática latinoamericanista de *Il Postino*, de la historia patria de los E.U. a través de la figura emblématica para la contemporaneidad del cartero (veáse *The English Mail-Coach* de De Quincey, o las figuras del héroe de *La Escalera de Jacob*, profesor de universidad que después de la guerra del Vietnam no encuentra otro trabajo que el de empleado de correos, y cuyo personaje actúa dialécticamente con el de Messinger en la posterior *Un ángel enamorado*, v. nuestro artículo sobre esta película).

B) *SE7EN Y VIENTOS DE ESPERANZA*

A diferencia de lo que ocurre en la película, también realizada por un actor: *The bridges of Madison County* de 1995 de Clint Eastwood, con Eastwood (además compositor de la música del filme), Victor Slezak y Meryl Streep ("*remake*" por Eastwood, esta vez entre dos protagonistas de misma edad, de su cinta de 1975 *Breezy*, con William Holden y Kay Lenz), en *The Horse Whisperer*, el amor entre los héroes no es imposible por culpa de la prohibición social, sino que por la incompatibilidad de sus costumbres.

Así, como en *Vientos de Esperanza*, con Sandra Bullock, Harry Connick Jr., Michael Pare, Gena Rowlands y Mae Whitman, película realizada por el conocido actor y director Forest Whitaker, la opinión pública es expresión del justo e inequivoco sentido común. En *Vientos de Esperanza*, la representación del show televisado no sirve para revelarnos el carácter coercitivo de la imagen, contrariamente a lo que pasa en los filmes reseñados en nuestro artículo sobre *The Truman Show*, sino que valida su papel de justiciero público.

La "*road movie*" sentimental sobre los amores entre una mujer intelectual y un hombre rústico que la lleva en carro a pesar de ella, simbólico rapto moderno, se encuentra muy a menudo. Citamos: las películas de Hitchcock, *Seis días, siete noches* de 1998 de Ivan Reitman (también productor de la cinta), con Harrison Ford, Anne Heche, Allison Janney, Temuera Morrison, David Schwimmer y Danny Trejo (en la que el título resalta el simbolismo genesíaco del encuentro), los telefilms *A Fare to Remember* de 1998 de James Yukich, con Max

Alexander, Peter Birkenhead, Challen Cates, Stanley Kamel, John Ratzenberger, Tracee Ellis Ross, Jerry Springer y Malcolm-Jamal Warner (que se dio a conocer en la tercera versión de *The Cosby Show*), y *Love Among Thieves* de 1987 de Roger Young, con Patrick Bauchau, Alma Beltran, Ismael "East" Carlo, John Davis Chandler, Samantha Egar, Joy Garrett, Audrey Hepburn, Brion James, Kenneth Kimmins, Christopher Neame, Jerry Orbach y Robert Wagner, donde los mexicanos son representados como un pueblo primitivo, jocoso y ruidoso, como en *Crazy From the Heart*. En la película ganadora de un

Academy Award *Thelma &* *Louise* de 1991 de Ridley Scott, con Geena Davis, Harvey Keitel, Christopher McDonald, Michael Madsen, Brad Pitt y Susan Sarandon (que volvemos a encontrar en *Stepmom*), la relación de amistad se opera entre dos mujeres. En *Vientos de Esperanza*, es la mujer que es tosca. Alternativamente en estas obras puede ser el hombre o la mujer que aparece como insoportable.

Además, la compleja relación entre dos protagonistas del tipo de los de *Vientos de Esperanza* es ya el motivo segundario del telefilm navideño de título muy evocador: *A Holiday to Remember* de 1995 de Jud Taylor, con Brenda Bazinet, Benedict Campbell, Kyle Fairlie, Richard Fitzpatrick, Lili Francis, Elizabeth Lennie, Rue McClanahan, Don McManus, Charlotte Moore, Joshua Satok, Connie Sellecca, Randy Travis, Asia Vieira y Sandy Webster.

Un antecedente del tema del retorno a las raíces de la verdad pueblerina es la exitosa *Doc Hollywood* de 1991 de Michael Caton-Jones, con Bridget Fonda, Michael J. Fox, George Hamilton, Woody Harrelson (*Natural Born Killers*) y Julie Warner. Como en esta última, en *Happy, Texas* de 1999, escrita, dirigida y producida por Mark

Illsey, con la actuación de Tim Bagley, Paul Dooley, Illeana Douglas, Mo Gaffney, M.C. Gainey, Michael Hitchcock, William H. Macy, Jeremy Northam, Ron Perlman, Scarlett Pomers, Ally Walker (*Universal Soldier, Profiler*) y Steve Zahn, nos cuenta como chicos listos de la ciudad se enamoran de pueblerinas.

Su culpa siendo la envidia, como el asesino de *El Silencio de los Inocentes* (así que lo recuerda el mismo Hannibal Lecter en el filme), en *Se7en* el psicópata aparece como un espectador del mundo en el que vive.

Se7en redondea en la cifra siete, ya que su historia se pasa en el tiempo de una semana, la última del antiguo policía negro antes de su jubilación. En *Se7en*, el asesino justiciero apocalíptico, John Doe (nombre que, dado a las personas sin identidad en los hospitales y equivalente al de Don Nadie, evidencia su carácter de símbolo), aceptando autosacrificarse para la ejemplificación de los demás, al igual que el asesino del *NéoPolar* también reseñado en nuestro artículo sobre *The Truman Show*, es obviamente, por la identidad entre sus puntos de vista y los del policía negro, el portavoz del moralismo de los autores de la película (lo que es también confirmado por su entrega voluntaria a las autoridades policíales que, teatralizando la serie de sus siete crimenes, la hace de repente aparecer como una verdadera "*mise en miroir*" de la realidad social contemporánea), conforme el modelo del héroe-monstruo del que probablemente Lautréamont dio la pauta con *Los cantos de Maldoror* (v. también en este sentido, además de *Se7en*, *El asesinato de Roger Ackroyd* de Agatha Christie y *Falsos Rumores* de Davis Gugenheim, que es la versión adolescentes de *"Sleuth"* de Mankiewicz, y la pieza de teatro contemporánea en la que un hombre, después de haber asesinado a su esposa, se encuentra en el centro de una maquinación policíal en la que un oficial toma el lugar de su mujer para obligarlo a reconocer los hechos). Es interesante apuntar que al final de *Jane Austen's Mafia*, parodia del asesinato del cardenal en *El Padrino III*, el homocidio del amical muñequito de programas para niños, explícitamente justificado porque los malvados de las películas pueden permitirse lo que la gente honrada no puede hacer, nos remite al mismo fenómeno identificatorio entre el espectador y el héroe fuera de la ley.

El héroe monstruo es el que se percata, al fin, que el asesino o malvado con el que se peleó durante todo el tiempo del relato no es sino el mismo (v. por ejemplo *Angel Heart*, *La Escalera de Jacob* o el anterior *The Tenant* - de alguna manera variación sobre el tema recurrente en Roman Polanski del ser que crea su propio infierno, de *Rosemary's Baby* a *Death and the Maiden* de 1994, con Gilberto Cortés, Jorge Cruz, Ben Kingsley, Carlos Moreno, Krystia Mova, Sergio Ortega Alvarado, Eduardo Valenzuela, Jonathan y Rodolphe Vega, Sigourney Weaver, Stuart Wilson, basada en la exitosa pieza de teatro de

Ariel Dorfman, pasando por *Repulsion*, que de alguna manera puede considerarse como la versión femenina de *The Tenant*, o *Luna de Fiel* -). Eso ocurre en Agatha Christie, por supuesto, pero tambien en películas como *Shattered* de 1991 de Wolfgang Petersen, con Tom Berenger, Corby Bernsen, Bob Hoskins, Greta Scacchi e Joanne Whalley, película en la que, significativamente, aparece el motivo del abánico como símbolo del sino del héroe (ya que evoca el lugar de su amor con la heroína, al mismo tiempo que su memoria perdida), motivo creado por Adrian Lyne en *La Escalera de Jacob* de 1990.

Pero al mismo tiempo, el héroe monstruo es también victima de su propia vida y transgresión, como en *Angel Heart,, Se7ven, Fight Club* o *Doce Monos* de 1995 del antiguo Monty Python Terry Gilliam, con Brad Pitt, Madeleine Stowe y Bruce Willis - que retoma el tema de la cinta fotográfica francesa en blanco y negro *La Jetée* de 1962 de Chris Marker (también guionista de la película), con Etienne Becker, Jacques Branchu, Ligia Branice, Hélène Chatelain, Germano Faccetti, Davos Hanich, André Heinrich, Pierre Joffroy, Janine et William Klein, Jacques Ledoux, Jean Négroni (el

narrador) y Philbert von Lifchitz
-.

Y hasta es en la tentación del pecado que el héroe monstruo se revela, no sólo a nosotros, sino que a sí mismo, como monstruoso. Así en el caso de Lacenaire, de los héroes de *Crimen y Castigo* de Dostoievski, *La tête d'un homme* de Georges Simenon - dos obras que entretienen entre sí, y la última también con la figura emblemática para Francia de Lacenaire (que volvemos significativamente a encontrar en *Les enfants du Paradis*), una relación muy estrecha -, *Les caves du Vatican* de André Gide, y *L'Etranger* de Albert Camus, con idéntica semejanza temática e ideológica entre los protagonistas de estas dos últimas. Los personajes de las cuatro obras tienen en común con los jóvenes asesinos de *Rope* de 1948 de Alfred Hitchcock, con Joan Chandler, Constance Collier, John Dall, Douglas Dick, Edith Evanson, Farley Granger, Cedric Hardwicke y James Stewart, la afirmación de su derecho divino a matar. Como Gregorio Samsa en *La Metamófosis* o el personaje de *El Capote* de Gogol, es la distanciación del héroe respecto a la norma, social e intelectualmente - a menudo tenemos a jóvenes protagonistas cultos, arquetipos del escritor mismo, inquieto, *"bohême"* y pobre -, que le define como fuera de lo aceptado, más allá de ello, superior, y por esto, justamente, incomprendido.

La mejor prueba de ello es que el primer pecado castigado en *Se7en* es el de la Gula, altamente simbólico del punto de vista social, ya que, como lo hemos demostrado en *"L'iconographie du gros aujourd'hui"*, remite a la oposición entre pobre y rico, la masa del pueblo oprimido y el poder (v. así también la canción *"Fat"* del conocido cómico estadounidense Weird Al Jankovic, que se inspira en *"Bad"* de Michael Jackson, y las parodias de canciones populares franceses por Patrick Sébastien o Les Framboises Volantes, que evocan el desamor de un hombre pobre hacia su novia, gorda y bulímica). El punto de vista del asesino viene entonces a ser, desde el inicio, simbólicamente el de la mayoría. Además, sus siete crimenes nos remiten, según toda evidencia, al valor ético y místico del cuerpo castigado, como ocurre con las cinco muertes violentas de *Angel Heart* (v. nuestro artículo sobre esta película en los Actos del X Congreso Internacional de las Danzas Macabras de Europa, Vendôme, Francia, septiembre del 2000) que le sirvieron de modelo.

Es por defender ciegamente puntos de vista opuestos a los del criminal que, a diferencia del viejo policía, el joven policía (imagen exacta de lo que era su compañero y mentor antes que la vida lo defraudiese) se ahogará con su esposa, interpretada por Gwyneth Paltrow en una de sus primeras actuaciones, entre los tentáculos de la infernal ciudad (cuyo carácter de Torre de Babel es denunciado en el filme por la ambientación nocturna, la permanente luz roja que baña los interiores y la música "*grunge*" de los créditos), en vez de liberarse de ella como los dos héroes de *El plazo expira al amanecer* de Irish, quienes finalmente logran con mucha voluntad salir de la ciudad y volver a su pueblo. Al contrario en *Los Vengadores*, las decoraciones y el ambiente inicios de siglo resaltan el carácter benéfico de la tradición.

El carácter crístico del héroe monstruo se evidencia comparándole a Jesús cuando éste, ya muerto y resurrecto, se revela a sus discípulos, en particular a los de Emaús, después de contarles su propio sacrificio en tercera voz (v. N.-B. Barbe, "*Los Malditos*", *El Nuevo Diario*, 11/12/1998, p. 10). Así, en *Frailty* de 2002 de

Bill Paxton, con Luke Askew, el conocido actor de televisión Powers Boothe, Matthew O'Leary (*Domestic Disturbance*), Matthew McConaughey (*EdTV*, *The Wedding Planner*), Paxton y Jeremy Sumpter, la puesta en escena del protagonista, sheriff justiciero y "*mano de Dios*", es similar a la de *Unbreakable*, y nos devuelve explícitamente por palabras del padre a la cualidad de superhéroes protectores del mundo de los E.U. Al final de la película, divinidad y patria se identifican en la mirada del héroe, mensajero de Dios y protegido por la bandera de los E.U., devolviéndonos a *Blackboard Jungle* o *Avión*

Presidencial (v. nuestro artículo sobre ésta). En la situación del héroe malvado de *Usual Suspects*, el de *Frailty* se opone al contrario al demoníaco agente del F.B.I., dentro de una dialéctica entre ley projima o cercana y ley superior que encontramos en *Misión: Imposible* o *Most Wanted* y las películas afínes."

4. Conclusión

Ahora bien, nos parece que la identidad: 1/ entre el héroe y figuras sustitutas contrarias de un poder superior al héroe que le domina (como en Hoffmann, y en general en los relatos de Poe: "*The Tell-Tale Heart*" o "*The Black Cat*", los 2 de 1843; es también el Padre-Coco como lo llamamos, v. en este sentido los protagonistas malévolos y los mismos títulos de las películas "*slasher*" *The Boogeyman* - literalmente *El Coco* -, 1980, de Ulli Lommel, y, del mismo año, la prohibida *Christmas Evil*, aka *You Better Watch Out*, de Lewis Jackson), 2/ entre el poder que se impone en las películas de horror a los protagonistas y una Ley parental, a menudo directamente relacionada con la prohibición sexual (los primeros en morir son siempre los que tienen sexo a inicios de las películas "*slasher*", siendo la, de alguna forma bíblica y original, virgen, simbólica del orden moral, "*Last girl standing*" quien vence finalmente al monstruo, como ya mostró la crítica, v. el excelente documental *Slasher*, 2004, de John Landis), 3/ entre el héroe y su propia sombra (Jekyll e Hyde), principio del héroe-monstruo (Banner y Hulk), nos permite dar un paso más, no sólo en la comprensión de los mecanismos del pensamiento contemporáneo, como propusimos en *Origines littéraires de la pensée contemporaine* a propósito de la figura del héroe-monstruo, estudiándole desde su origen en el romanticismo y en la identificación del artista maldito con contrafiguras del orden moral preestablecido (Adán; Prometeo; Mefistófeles o Fausto, v. el inicio de *La Beauté du Diable*, 1950, de René Clair; o con el mismo Diablo, v. *Les chants de Maldoror*), sino también, de forma mucho más general, en el acercamiento a la mentalidad humana (pues, comparemos con el hijo violador escondido de su madre en los mitos del origen, v. *Mythes*, Bès Editions, 2001,

2004), al asumir el Unheimliche como sombra (v. el final de *The Prisoner*, 1967-1968, de Patrick MacGoohan, y nuestro trabajo sobre esta serie televisiva, Bès Editions, 2004, así como el final del filme *Happy Birthday to Me*, 1981, de J. Lee Thompson, finales en los que el mismo protagonista descubre que peleó contra sí mismo, encontrándose bajo la apariencia de una figura enmascarada, la famosa "*persona*" griega, la heroína asesina de *Happy Birthday to Me* inspirando el final de *Sé lo que hicieron el verano pasado*, 1997, de Jim Gillespie), y esta sombra como campo de las prohibiciones de la Ley parental con las que entra en duelo la mente intentando derrocarlas en un proceso de: 1/ auto-reconocimiento, 2/ desdoblamiento (es decir, diferenciación con los deseos propios del sujeto; Gobert, pp. 118-119, nota que, después de un estado originalmente animista, el niño, en particular varón, llega, alrededor de los 7-8 años, a definir Dios con los atributos y hasta empleo del Padre, lo que revela, en la mente primitiva colectiva, la presencia de este proceso de aparición de un <u>equivalente alejado de la Ley</u>, en el que, podiendo deportarse las pulsiones malas de agresión tanto del sujeto hacia este nuevo objeto como de dicho objeto: el padre-padrastro malévolo de las películas de horror - y la madrastra de los cuentos - hacia el sujeto, se pone fe y seguridad, a ejemplo y modelo del Padre, tanto en lo que representa de protector dador de cariño y calor, como de dominador e injusto, v. en este último sentido la recurrente figura del padre quien, a ser violador de su hija, para ella pierde sus rasgos propios, de forma similar al padre de *"El Hombre de Arena"*, en *Twin Peaks: Fire Walk with Me*, 1992, de David Lynch, *Hide & Seek*, o *An American Haunting*, 2005, de Courtney Solomon), y 3/ desecho. Lo que, a menudo, provoca, simbólicamente, la muerte del propio sujeto, pues, al reconocer la otredad de sí mismo, la única alternativa para liberarse es abandonando totalmente esta antigua piel y mudar del campo de la incertidumbre y los conflictos sexuales al, mucho más consolador y segurizante, de la espiritualidad pura, no material.

En este caso, el abandono y/o rechazo de sí no es sino la expresión de la necesidad de matar al Otro Yo, genitor y castrador (v. Darth Vader, cuyo nombre, de la opinión misma de Mark Hamill, protagonista de Luke, corta la mano a su hijo Luke Skywalker, en *Return of the Jedi*, 1983, de Richard

Marquand).　　Ya　　no confundiéndose con él o sus deseos, sino asumiéndose como víctima integral del mismo, hasta el momento final de la muerte (es así significativo el final de *The Texas Chain Saw Massacre*, escapándose la heroína al herirse a sí mismo el psicópata en la pierna con la sierra eléctrica), auto-sacrificio redentor que permite la sustitución del antiguo rey por el nuevo (v. nuestros trabajos sobre *El Güegüence*, compilados en parte en *Mythes*).

Es el mismo proceso acuñado por la filosofía latinoamericana, del "*ser como*", ante el arquetipo, al "*poder ser*" y, finalmente, superado el modelo inicial y definido para sí el sujeto, al "*ser en sí*".

Chucky, muñeco enano asesino, caracteriza en su propia fisiología, más aún que *It* de King, los valores y virtudes de la niñez traicionados por las apetencias del adulto. El mismo espectador pudiendo reconocer en él a la vez, entonces, los elementos de satisfacción adulta de su ser actual, los miedos infantiles del muñeco quien de repente se vuelve asediador, y la inmanente presencia de la Ley o el Padre, pues, si hay niño (o muñeco), hay adulto, si el niño es malcriado, hay adulto castigador, sólo que aquí, el mismo muñeco, según un procedimiento similar al que encontramos en Hoffmann, es castigado (tanto por su tamaño como por sus cicatrices, dos elementos definitorios del personaje de Chucky) y castigador.

De nuestra opinión, la insistencia en el tema de la violencia proviniente del mismo barrio en el que vive el héroe (*Resident Evil,* o la película de la BBC que de éste se inspira: *Salvage,* 2009, de Lawrence Gough - que se origina en las series inglesas desde la versión original de *The Avengers* en sus 3 momentos de los años 1960 -), que corresponde al motivo del vecino peligroso, muy común (Samuel L. Jackson por ej. habiendo protagonizado *Lakeview Terrace*, 2008, de Neil LaBute) revela esta misma relevancia en la psicología colectiva del "*Unheimliche*", "*extrañanmente conocido*", o del *peligro conocido*, tal como lo hallamos en "*El Hombre de Arena*".

Sea en Jorge Luis Borges (la muerte en "*La muerte y la Brújula*" de 1944, la desaparición en "*El Aleph*" de 1945) o en *El Quinto Elemento* (1997, Luc Besson), siempre se opera una fusión del héroe con el mundo. Lo que tiende a confirmar las tesis jungianas de la superación del *Animus*.

Paralelamente, se encuentra muy a menudo la idea (*El Sexto Sentido*, 1999, M. Night Shyamalan; *The Others*, 2001, Alejandro Amenábar), histórica (entre los fenomenistas en particular, como Hume y Berkeley) y psicológicamente la idea de que el mundo depende de la manera en que uno lo ve. Es así la imagen que nos da el tema del héroe-monstruo en el arte y la literatura contemporánea, en su doble representación: el monstruo que no se conoce (como en *Angel Heart*, 1987, de Alan Parker; y en el caso de tiras cómicas de un niño que se despierta en un mundo donde todos son extraterrestres inmundos, desde sus padres hacia los policías, y al final resulta que él es el monstruo), y el que ve monstruos que, también, pueden ser ángeles (*Jacob's Ladder*, 1990, Adrian Lyne, v. nuestro artículo: "*Angel Heart et L'Echelle de Jacob: katabase et anabase*", *Actes du Xème Colloque International des Danses Macabres d'Europe*, Vendôme, septiembre del 2000, pp. 313-

350). La otra forma de aparición del héroe-monstruo (que se presenta al lector-espectador al final como *coup de théâtre*, casos concretos en: *The Murder of Roger Ackroyd*, 1926, de Agatha Christie; y *The Usual Suspects*, 1995, de Bryan Singer) parece deberse más a un artilugio narrativo que a una razón simbólica de su definición.